実用フランス語技能検定試験

5 級

仏検合格のための

傾 向 と 対 策

改 訂

玉川大学名誉教授
藤 田 裕 二 著

駿河台出版社

はしがき

　「仏検」の名で親しまれ，フランス語学習者の間で既に定着した感のある仏語検定試験は，正式な名称を「実用フランス語技能検定試験」といいます．「実用」という名が示す通り，この試験は，実際のコミュニケーションの中でのフランス語の運用能力を試すためのものです．

　世界規模での情報化，国際化が毎日のように語られる今日，フランス語の実際的な運用能力がますます必要となりつつあることは言うまでもありません．また，フランス語学習者にとって，この言語を学ぶ最大の動機が，フランス語で意思疎通をしたいという願いであることも，これほど旅行をする機会が増え，フランス語圏の人々との接触が増えた現在では当然のことと言えるでしょう．

　そうしたフランス語学習者にとって，この検定試験は，自分の語学運用能力がどの程度であるのかを知るための機会となり，また語学のさらなる上達をめざすための励みともなることでしょう．あるいは，将来フランス語を使う職業を目ざす人にとっては，自分の能力を客観的に証明してくれるための手段ともなりうるはずです．事実，企業の中には「仏検」の上級資格者に対して高い評価を与える動きのあることも伝えられています．

　さて，本書で扱う5級の検定試験は約50時間，週2回の授業を半年程度受けた人を対象としています．2013年度には春秋合わせ約4600名の受験者があり，この級への関心の高さを示しています．初級段階ではずみをつけ，さらに上級の試験を目ざすには，打ってつけのレベルの試験といえるでしょう．本書が，試験の合格を目ざし，フランス語を身につけようと願う方々の一助となれば幸いです．

最後になりましたが，仏検の問題の使用を快諾してくださった「フランス語教育振興協会」，《類題》のイラストを担当して下さった東森まみさんに，心からお礼を申し上げます．

著　者

目　　次

はしがき i
目次 iii

分析編

1. 5級の内容と程度 3
2. 出題の基準 4
3. 出題のあらまし 5
4. 分野別にみた出題傾向 6
5. 年度別　5級　合格状況 9
6. 試験注意事項 9
7. 5級　検定試験実施要領 10
   5級　解答用紙（雛形） 12

対策編

第1章　限定詞に関する問題 15

第1節　冠　詞 16
例題 16
文法　不定冠詞，定冠詞，部分冠詞，定冠詞の縮約，国名と前置詞 .. 18
類題 22

第2節　指示形容詞と所有形容詞 24
例題 24
文法　指示形容詞，所有形容詞 26
類題 28

第 1 章　実力問題 1, 2 30
　　語　彙 34

第 2 章　動詞に関する問題 35
　　例題 1, 2 36
　　文法　動詞の活用 40
　　類題 1, 2 42
　　出題頻度の高い動詞 46

第 3 章　構文に関する問題 47
　第 1 節　動詞を中心とする構文 48
　　例題 48
　　文法　基本文型，非人称構文，否定文，近接未来と近接過去，
　　　　　命令形 50
　　類題 54
　第 2 節　名詞を中心とする構文 56
　　例題 56
　　文法　形容詞の位置，数量副詞について 58
　　類題 60
　　第 3 章　実力問題 1, 2 62
　　表現の整理 1 66

第 4 章　応答文 67
　第 1 節 1　疑問文，否定疑問文による応答文 68
　　例題 68
　第 1 節 2　疑問形容詞による応答文 70
　　例題 70
　　文法　疑問文の作り方，否定疑問文，疑問形容詞 .. 72
　　類題 1, 2 74

第2節　疑問代名詞による応答文 ... 78
- 例題 ... 78
- 文法　疑問代名詞 ... 80
- 類題 ... 82

第3節　疑問副詞による応答文 ... 84
- 例題 ... 84
- 文法　疑問副詞 ... 86
- 類題 ... 88
- 第4章　実力問題 1, 2 ... 90
- 文法　人称代名詞の強勢形 ... 94

第5章　語　彙 ... 95
第1節　名詞に関する語彙 ... 96
- 例題 ... 96
- 名詞の語彙 ... 98
- 類題 1, 2 ... 100

第2節　動詞，形容詞，前置詞に関する語彙 ... 104
- 例題 ... 104
- 類題 1, 2 ... 106
- 動詞，形容詞，前置詞などの語彙 ... 110

第6章　内容表現に関する問題 ... 111
第1節　人に関する問題 ... 112
- 例題 ... 112
- 表現の整理2 ... 114
- 類題 ... 116

第2節　物や事象に関する表現 ... 118
- 例題 ... 118
- 表現の整理3 ... 120
- 類題 ... 122

第6章　実力問題 124

第7章　会話文 127
例題 1, 2 128
表現の整理 4 132
類題 1, 2 134

第8章　聞き取り 139
第1節　応答文 140
例題 1, 2 140
文法 発音（リエゾンとアンシェーヌマン，リズム・グループ，
アクセント，イントネーション，音節と綴り字 e の読み方）. . 144
類題 1, 2 148
第2節　数　字 152
例題 1, 2 152
文法 数字の読み方 156
類題 1, 2 158
第3節　文にふさわしい絵を見つける 162
例題 1, 2 162
類題 1, 2 166

模擬試験 1, 2 171
解答用紙（雛形）. 172
解答と解説 195

出題頻度の高い単語リスト 207
主要人名（prénom）. 235

分析篇

問題傾向の分析

1. 5級の内容と程度

程度

初歩的な日常的フランス語を理解し，読み，聞き，書くことができる．

標準学習時間： 50時間（大学で週1回の授業なら1年間，週2回の授業なら半年間の学習に相当）．

試験内容

読　む	初歩的な単文の構成と文意の理解，短い初歩的な対話の理解．
聞　く	初歩的な文の聞き分け，挨拶等日常的な応答表現の理解，数の聞き取り．
文法知識	初歩的な日常表現の単文を構成するのに必要な文法的知識．動詞としては，直説法現在，近接未来，近接過去，命令法の範囲内．

語彙：約 500 語

試験形式

1次試験のみ（100点）

筆　記	問題数7題，配点60点．試験時間30分．マークシート方式．
聞き取り	問題数4題，配点40点．試験時間15分．マークシート方式，一部数字記入．

2. 出題の基準

　5級の検定試験では，**約50時間の学習を終えた学生が受験の対象**です．つまり大学で週2回半年程度勉強した人を標準対象としています．大学に入学した春に初めてフランス語を始めた人でも，夏休みに頑張って勉強すれば，秋には合格！も十分可能です．フランス語が面白くなり始め，あるいは逆に覚えることが多くなって大変だと感じ始めた学習者が，一度自分の習い覚えたことを整理する上でも打ってつけの目標といえるでしょう．大学生以外でも，高校生・中学生あるいは一般の方ももちろん受験可能です．出題内容には配慮がなされていますからどんどん挑戦してみてください．

　出題内容は，おおよそ一年次教材の前半部の内容と考えればいいでしょう．詳しくは後ほど説明しますが，動詞で言えば直説法現在形が中心で，過去形や未来形，あるいは条件法や接続法などは出題されません．また関係代名詞などを使った複文などもなく，比較的短い単文で問題が構成されています．この段階で使われる文は限られていますから，過去に出題された文を整理しておくことが有効な対策となるでしょう．

　語彙数は約500語．「挨拶する」，「お礼を言う」，「時間や天候を話題にする」，「食べる」，「住む」，「着る」といった，日常生活に密着した語彙が中心です．

　聞き取りはかなり大きな比重をしめています．数字の言い方，日常の短い決まり文句などを聞き取れるようにしなければいけません．

　要するに，5級の試験では，日常の簡単なコミュニケーションができるような能力が測られます．実際，それほど多くの文法事項や語彙を知らなくても，日常生活では十分意思疎通が可能なのです．

3. 出題のあらまし

筆記試験・聞き取り試験の各問題のあらましを次に述べてみましょう．

【筆記】

	内　　容	形　　式
1	冠詞，指示形容詞，所有形容詞	穴うめ・選択
2	動詞活用	穴うめ・選択
3	語　順	語の並べかえによる仏文完成
4	応答文	仏文選択
5	語　彙	仏語選択
6	短　文	絵に一致する仏文選択
7	会話文	穴うめ・選択

【聞き取り】

1	応答文	仏文選択
2	数　字	数字の記述
3	短　文	仏文に一致する絵の選択
4	短　文	仏文に一致する絵の選択

6　　分野別にみた出題傾向

【配点】

【筆記】

問　題	1	2	3	4	5	6	7	計
点　数	10	10	8	8	8	8	8	60

【聞き取り】

問　題	1	2	3	4	計		合計
点　数	10	10	10	10	40		100

4.　分野別にみた出題傾向

【1】語彙・語句・表現

　「指針」にもあるように，5級では，「初歩的なフランス語の理解，表現」を目標としていますから，語彙や語句も日常的によく使われる基本的なものに限られています．従来出題された語彙・語句を復習しておくことが効果的な対策になるはずです．乗り物，食べ物，衣服，職業といった，日常生活で重要な語彙グループを整理しておけばよいでしょう．

【2】文　法

　文法項目のうち，品詞については，名詞にかかるもの，例えば冠詞，形容詞，指示形容詞，所有形容詞が重要事項です．フランス語の形容詞は全て性・数の一致をしますから，名詞の性を覚えていなければ正しい形を使えません．もっとも5級の問題では，名詞が男性形か女性形かわからなくても答えが出せるように配慮されているようです．

構文としては，否定文，疑問文，比較構文，非人称構文などがよく出題されます．特に「いつ」「どこで」「何を」「誰を」といった疑問詞を使う文は，日常のコミュニケーションの中で極めてよく使われますから，試験の中でも繰り返し登場します．

動詞は，活用の問題を含め，直説法の現在形のみです．ただし近接未来，近接過去は出題されます．これだけ覚えておけば現在形以外の複雑な時制を知らなくても，日常の意思疎通ならけっこう間に合うものです．

解答形式は，穴うめ選択や語句・文の選択で，記述式はありません．しかし，いずれ上の級では記述式が出されますから，今から正確な綴りを覚えておくことも無駄ではないでしょう．

【3】会話文

検定試験では，日常のコミュニケーションの運用能力を問うことに主眼がおかれていますから，5級でも，電話やカフェでの会話，自己紹介や仕事を話題にする会話など，日常会話の理解を問う問題が出されています．短文を重ねる簡単な会話ですから，ある程度決まりきった表現が使われます．挨拶やお礼やお詫びの表現などを整理しておくといいでしょう．

【4】聞き取り

100点満点のうち40点と，聞き取りにはかなりの比重がおかれています．数字や絵に合う短文を聞き取らせる問題が出されます．書かれていれば何だと思うような簡単な文も，耳で聞いただけではよくわからないことが多いものです．フランス語の聞き取りでは，単語自体ではなく意味のまとまりをもつグループをつかむことが大切です．そのためにはリエゾンやアンシェーヌマンといったフランス語特有の現象を理解しておく必要があります．とにかく普段からテープやラジオ・テレビを聞いて，耳を慣らす訓練をしておくことが何より大切でしょう．

5. 年度別　5級　合格状況

年　度	受験者数（名）	合格者数（名）	合格率（％）
2001 年春	1,811	1,509	83.3
2001 年秋	3,204	2,468	77.0
2002 年春	1,881	1,644	87.4
2002 年秋	3,360	2,693	80.1
2003 年春	2,025	1,770	87.4
2003 年秋	3,051	2,649	86.8
2004 年春	1,904	1,589	83.5
2004 年秋	3,135	2,737	87.3
2005 年春	1,596	1,395	87.4
2005 年秋	2,797	2,187	78.2
2006 年春	1,785	1,485	83.2
2006 年秋	3,164	2,373	75.0
2007 年春	1,828	1,506	82.4
2007 年秋	3,277	2,712	82.8
2008 年春	1,662	1,501	90.3
2008 年秋	2,776	2,379	85.7
2009 年春	1,639	1,447	88.3
2009 年秋	2,567	2,193	85.4

6. 試験注意事項

問題冊子は試験開始の合図があるまでは開いてはいけません．

注意事項

【筆記試験】

1. 途中退出はいっさい認めません．
2. 筆記用具はすべて **HB** または **B** の黒鉛筆（シャープペンシルも可）を用いてください．
3. 解答用紙の所定欄に，**受験番号**と**氏名**が印刷されていますから，間違いがないか，**確認**してください．
4. **マーク式の解答は，解答用紙の解答欄にマークしてください．**たとえば，□ の (1) に対して ③ と解答する場合は，次の例のように解答欄の ③ にマークしてください． 例

解答番号	解　答　欄
(1)	① ② ❸

5. 解答に関係のないことを書いた答案は無効にすることがあります．
6. 解答用紙を折り曲げたり，破ったり，汚したりしないように注意してください．
7. 不正行為者はただちに退場，それ以降および来季以後の受験資格を失うことになります．
8. **携帯電話等の電子機器の電源は必ず切って，かばん等にしまってください．**
9. 時計のアラームは使用しないでください．

　筆記試験終了後，休憩なしに聞き取り試験にうつります．

【聞き取り試験】

1. 聞き取り試験は，録音テープで行いますので，テープの指示に従ってください．
2. 解答はすべて筆記試験と同じ解答用紙の解答欄に，**HB** または **B** の黒鉛筆（シャープペンシルも可）でマークしてください．

10　5級　検定試験実施要項

【試験時間】

筆記試験	10 時 00 分～10 時 30 分 （休憩なし）
聞き取り試験	10 時 30 分から約 15 分間

7.　5級　検定試験実施要領

1. **級・受験資格**

    5級は4級と併願が可能です．だれでも受けられます．

2. **試験区分**

    5級には1次，2次の区分はありません．

3. **試験の範囲・程度**

    「実用フランス語技能審査基準」にのっとって行われます．

4. **試験実施回数**

    5級の試験は年2回（6月と11月）行われます．願書の受付期間は，通常，春季は4月から5月中旬，秋季は9月から10月中旬となります．

5. **試験実施地およびその選択**

    札幌，弘前，盛岡，仙台，福島，水戸，宇都宮，前橋，草加，市川，東京，横浜，川崎，新潟，金沢，甲府，松本，岐阜，静岡，三島，名古屋，京都，大阪，奈良，鳥取，松江，岡山，広島，高松，松山，福岡，長崎，熊本，別府，宮崎，鹿児島，西原町（沖縄県），パリ

    ＊上記の受験地は，季ごとに変更となる可能性があります．また，会場によって実施される級が異なる場合がありますので，詳しくは，最新の仏検受験要項をご確認いただくか，仏検事務局までお問い合わせください．

    ＊最終的な受験地・試験会場の詳細は，受験票の記載をご確認ください．

6. 受験要項・願書の入手方法
   1) **書店・生協**　受付期間内に全国の仏検特約書店および大学生協で配布，あわせて検定料の納入を受け付けております．
   2) **郵送**　　　　仏検事務局まで電話・E-mail 等でご請求ください．
   3) **ダウンロード**　APEF ホームページからダウンロードし入手いただけます．

7. 合否の判定とその通知

　　級により異なりますが，60～70%の合格率を目安に出題するようにつとめています．各級の合格基準は，審査委員会がさまざまな条件を総合的に判断して決定しています．

　　試験結果通知には，合否のほか，合格基準点，合格率とご本人の得点が記載されます．

8. お問い合わせ先

> **公益財団法人　フランス語教育振興協会　仏検事務局**
> 〒102–0073　東京都千代田区九段北 1–8–1　九段 101 ビル
> 　　(TEL) 03–3230–1603　　(FAX) 03–3239–3157
> 　　　　(E–mail)　dapf@apefdapf.org
> 　　　　(URL)　　http://www.apefdapf.org

解答用紙（雛形）（55％縮小）

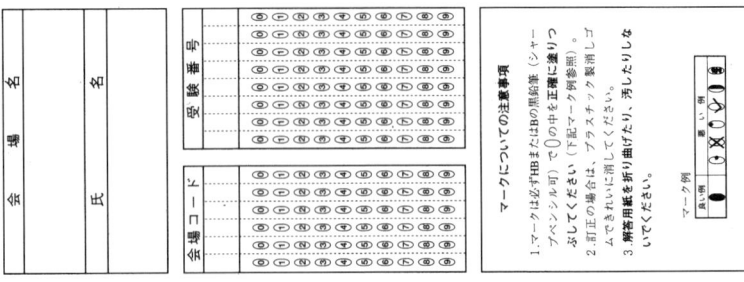

対 策 編

合格のコツをマスターしよう

> 例題は既出問題で，類題・実力問題はこれらを基準に傾向と対策を加味した問題です。

第1章
限定詞に関する問題

　第1章ではおもに限定詞に関する問題を扱います．フランス語の名詞が全て性と数をもつことはのちほど詳しく説明しますが，**限定詞とは，名詞の前におかれて，その名詞の性や数などを表示する働き**をするものです．具体的には，**冠詞**，**指示形容詞**，**所有形容詞**などのことです．文法の初級段階における中心的な学習事項といっていいでしょう．試験では《**穴うめ，3択**》問題として出題されます．

　限定詞は**名詞の性・数に応じて形が変わります**から，それがかかる名詞の性・数を知る必要がありますが，これまでの問題を見る限り，名詞の性を特に記憶していなくても，だいたい答が見つかるように文が考えられています．例えば，名詞が母音で始まるか子音で始まるか，名詞にかかる形容詞の形がどうかなどがヒントになるでしょう．こうした点に留意しながら問題を考えてみてください．

　　第1節　　冠　詞
　　　　　　■文法—不定冠詞，定冠詞，部分冠詞，冠詞の縮約
　　第2節　　指示形容詞と所有形容詞
　　　　　　■文法—指示形容詞，所有形容詞
　第1章　実力問題　1, 2

第 1 節　冠　詞

例題

次の (1)〜(5) の (　) 内に入れるのに最も適切なものを，それぞれ ①〜③ のなかから一つずつ選び，解答欄のその番号にマークしてください．

(1) Vous avez (　　) amis en France ?
　　① des　　② un　　③ une

(2) La poste est en face de (　　) gare.
　　① la　　② le　　③ les

(3) Pierre, tu veux (　　) eau ?
　　① de l'　　② des　　③ du

(4) Ils aiment (　　) chansons françaises.
　　① des　　② la　　③ les

(5) Je cherche (　　) hôtel près d'ici.
　　① des　　② le　　③ un

解説

(1) 「あなたはフランスに友人がいますか？」
　　avez は avoir「持っている」という動詞の活用形です．ami は「友人」．s がついていますから amis は複数名詞で，正解は不定冠詞の複数形，① の ***des*** になります．

(2) 「郵便局は駅の向かいにあります．」
　　en face de～ は「～の向かいに」という前置詞句です．gare は s がついていないので単数，ですから答えは le か la になりますが，gare が女性名詞であることを知らなくても，de le という形は冠詞の縮約で du になりますから（→ p. 21），答えは ① の ***la*** になることがわかるはずです．

(3) 「ピエール，君は水が欲しいかい？」
　　veux は vouloir「～が欲しい」の活用形です．eau は「水」で数えられないので「いくらかの量」を表す部分冠詞がつきます．部分冠詞は de l' と du ですが，母音で始まるので ① の ***de l'*** が正解です．

(4) 「彼らはフランスのシャンソンが好きです．」
　　chanson に s がついているので複数形の冠詞がきます．des か les になりますが，「～が好き」というときは「総称の定冠詞」（→ p. 19）がつきますから ③ の ***les*** が正解です．

(5) 「私はこの近くにホテルを探しています．」
　　près de～ は「～の近くに」．hôtel は単数形ですから un か le になりますが，「あるホテルを一軒（探している）」というのですから不定冠詞が適切です．③ の ***un*** が正解．le なら無音の h（→ p. 19）の前ですから l' になるはずです．

解答

(1) ①　　(2) ①　　(3) ①　　(4) ③　　(5) ③

文　法

フランス語には**不定冠詞**，**定冠詞**，**部分冠詞**の3つの冠詞があります．

❖ 不定冠詞

　不定冠詞は，「あるひとつの（一人の）」「いくつかの（いく人かの）」というふうに，まだ「特定化」されていない，数えられる名詞につきます．不定冠詞には男性・女性，そして単数・複数の区別があり，それがつく名詞の性・数に一致して形が選ばれます．英語にはない複数形 des がある点に注意してください．

	単数	複数
男性	**un**	**des**
女性	**une**	**des**

un garçon	一人の男の子	**des** garçons	何人かの男の子
un livre	一冊の本	**des** livres	何冊かの本
une fille	一人の女の子	**des** filles	何人かの女の子
une montre	一個の腕時計	**des** montres	いくつかの腕時計

✣ 定冠詞

定冠詞は，不定冠詞が特定化されていないものをうけたのに対し，「その～」というふうに，特定化された名詞につきます．やはり男性・女性，単数・複数の区別があります．

	単数	複数
男性	**le (l')**	**les**
女性	**la (l')**	**les**

le garçon　その男の子　　**les** garçons　それらの男の子
la fille　　その女の子　　**les** filles　　それらの女の子

cf. 1) le や la が **l'** のような形になることを**エリズィヨン**といい，次にくる名詞が母音，または無音の h で始まる場合におこります．le や la の他にも，je, de, ne, ce などもエリズィヨンします．

~~le arbre~~ → **l'**arbre　木　　　~~la histoire~~ → **l'**histoire　歴史

2)「**無音の h**」とは，子音扱いとなる有音の h に対して，**母音扱いになる h** のことをいいます．有音か無音かは辞書を引いて確かめなければなりません．有音の h には †héros のような記号がついています．また有音であっても無音であっても **h は発音されない**ことに注意してください．

★定冠詞の用法には，「**総称の定冠詞**」と呼ばれるものがあります．「～というもの」というふうに，ものごとを一般的・抽象的に述べる場合に用います．数えられる名詞には複数形の，数えられない名詞の場合には単数形の定冠詞を用います．

J'aime **les** fleurs.　　私は花が好きです．
J'aime **la** viande.　　私は肉が好きです．

部分冠詞

部分冠詞は「いくらかの量の」という「不特定の量」を表す冠詞です．不定冠詞が数えられる名詞につくのに対し，部分冠詞は物質や抽象的な観念を表す数えられない名詞につきます．男性・女性の区別はありますが，当然のことながら単数・複数の区別はありません．

男性	**du** （de l'）
女性	**de la** （de l'）

du café　　　（いくらかの）コーヒー
de la viande　（いくらかの）肉

cf. **de l'** は，次にくる名詞が母音または無音の h で始まる場合に用いられます．
　　de l'argent　お金　　　**de l'**eau　水

ところで，これまで「数えられる名詞」「数えられない名詞」と説明してきましたが，もとからそのように決められた名詞があるというわけではありません．どんな名詞も話し手の見方によって「数えられる名詞」にも「数えられない名詞」にもなるのです．例えば，Je bois du café tous les matins.「私は毎朝コーヒーを飲みます」と言えば，その場合の du café は「いくらかの量のコーヒー」の意味ですから部分冠詞が用いられますが，カフェで Un café, s'il vous plaît.「コーヒーを一つください．」と言えば，それは「コーヒーを一杯」という意味で，café を数えられるものとしてとらえることになるので，不定冠詞を用いることになるのです．

❖ 定冠詞の縮約

最近は試験にそのままの形で出ることはありませんが，知っておいたほうがいい文法の知識として「定冠詞の縮約」の問題があります．

「縮約」というのは，前置詞の à, de の後に定冠詞の男性形と複数形がくると形が変わる現象をいいます．

à +le → **au**	~~à le~~ café → **au** café	カフェに(で)
à +les → **aux**	~~à les~~ toilettes → **aux** toilettes	トイレに(で)
de+le → **du**	~~de le~~ Japon → **du** Japon	日本の(から)
de+les → **des**	~~de les~~ étudiants → **des** étudiants	学生たちの

cf. 女性定冠詞の la やエリズィヨンした l' には縮約はありません．
　　Je vais *à la* gare.　　私は駅に行きます．
　　Je vais *à l'*église.　　私は教会に行きます．

❖ 国名と前置詞

国名はその性と数が決まっていますから覚えるしかありません．

● **男性名詞の国**
　　le Japon 日本　　le Canada カナダ　　les États-Unis 合衆国

● **女性名詞の国**
　　la France フランス　l'Italie イタリア　　l'Angleterre イギリス
　　l'Espagne スペイン　l'Allemagne ドイツ　la Chine 中国

「～へ行く」という場合，**男性名詞の国には «aller au (aux) ～»**，**女性名詞の国には «aller en＋無冠詞名詞»** という形を用います．

　　Je vais **au** Canada.　　私はカナダに行きます．
　　Je vais **en** Italie.　　私はイタリアに行きます．

類題

次の (1)〜(5) の ( ) 内に入れるのに最も適切なものを，それぞれ ①〜③ のなかから一つずつ選び，解答欄のその番号にマークしてください．

(1) J'aime beaucoup (　　) cinéma français.
　　① le　　　② la　　　③ les

(2) Il y a (　　) pommes dans le panier.
　　① un　　　② une　　　③ des

(3) Il a (　　) argent dans sa poche.
　　① du　　　② de l'　　　③ de la

(4) Monsieur et Madame Bertier ont (　　) enfants.
　　① un　　　② de l'　　　③ des

(5) J'ai (　　) appartement.
　　① un　　　② le　　　③ de l'

解説

(1) 「私はフランス映画がとても好きです.」
　　cinéma は単数形ですから le か la. français という形容詞が男性形ですから cinéma も男性形, 答えは ① の ***le*** になります. この le は「総称の定冠詞」(→ p. 19) です.

(2) 「かごの中にいくつかのりんごがあります.」
　　il y a ～ は「～がある」という意味の表現で, その後に単数形あるいは複数形の名詞がきます. pommes は s が付いているので複数形. 従って男性・女性にかかわりなく, 冠詞は ③ の ***des*** になります.

(3) 「彼はポケットにお金を持っています.」
　　「いくらかのお金」を持っているわけですから argent の前には部分冠詞がおかれます. argent は男性名詞ですが母音で始まっていますから ② の ***de l'*** になります.

(4) 「ベルチエ夫妻には何人かの子供がいます.」
　　「何人かの子供」ですから ③ の不定冠詞複数形の ***des*** が正解です. 母音で始まっているからといって de l' に惑わされないでください.

(5) 「私はアパルトマンを一つもっています.」
　　appartement は男性単数形の名詞なので ① の不定冠詞 ***un*** がつきます. (4) と同じように, 母音だからといって de l' に惑わされないことが大切です.

解答

(1) ①　　(2) ③　　(3) ②　　(4) ③　　(5) ①

第 2 節　指示形容詞と所有形容詞

例題

次の (1)~(5) の (　) 内に入れるのに最も適切なものを，それぞれ ①~③ のなかから一つずつ選び，解答欄のその番号にマークしてください．

(1) (　　　) arbres sont vieux.
　　① Ce　　② Ces　　③ Cet

(2) (　　　) hôtel n'est pas cher.
　　① Ce　　② Ces　　③ Cet

(3) Paul aime beaucoup (　　　) parents.
　　① sa　　② ses　　③ son

(4) (　　　) filles étudient en France.
　　① Leur　　② Leurs　　③ Ma

(5) (　　　) place est libre.
　　① Ces　　② Cette　　③ Ses

解説

(1) 「これらの木は古い．」
arbres が複数形ですから，② の指示形容詞の複数形 **Ces** を入れます．指示形容詞はそれがかかる名詞の性・数に一致します．

(2) 「このホテルは高くない．」
hôtel を形容している cher が男性形であることから，hôtel が男性名詞であることがわかりますが，無音の h で始まりますから Ce ではなく ③ の **Cet** になります．

(3) 「ポールは彼の両親をとても愛している．」
son も sa も ses も「彼(彼女)の」ですが，後に来る名詞 parents が複数形なので ② の **ses** になります．

(4) 「彼らの娘はフランスで勉強しています．」
名詞 filles が複数形なので，② の所有形容詞の複数形 **Leurs** がきます．Leur も「彼らの」ですが，その後は単数名詞がきます．

(5) 「その席はあいています．」
place が単数形ですから，② の単数形の指示形容詞 **Cette** になります．このように指示形容詞と所有形容詞が混在して出題される場合がありますが，意味を考えるまでもなく，数でどちらが適切か判断できます．

解答

(1) ②　　(2) ③　　(3) ②　　(4) ②　　(5) ②

文　法

❖ 指示形容詞

　指示形容詞は「この，その，あの」といった，物を指し示す形容詞です．英語では *this, that* のように「この」「あの」という遠近の区別がありますが，フランス語にはありません．その代わり，後ろの名詞の性・数によって形が変わります．

	単数	複数
男性	**ce (cet)**	**ces**
女性	**cette**	**ces**

　ce stylo　　この万年筆　　　**ces** stylos　　これらの万年筆
　cette voiture　この車　　　　**ces** voitures　これらの車

★後ろにくる男性名詞が母音または無音の h で始まる場合は，**cet** を用います．

　　~~ce arbre~~ → **cet** arbre　この木
　　~~ce hôtel~~ → **cet** hôtel　このホテル

所有形容詞

英語の *my* や *your, his, her* といった代名詞の所有格を，フランス語では所有形容詞として扱います．指示形容詞と同様，後ろに来る名詞の性・数によって形が異なります．

		男性単数	女性単数	男女複数
je	私の	**mon**	**ma** (mon)	**mes**
tu	君の	**ton**	**ta** (ton)	**tes**
il・elle	彼(彼女)の	**son**	**sa** (son)	**ses**
nous	私達の	**notre**		**nos**
vous	あなた(方)の	**votre**		**vos**
ils・elles	彼ら(彼女ら)の	**leur**		**leurs**

mon père	私の父	**mes** frères	私の兄弟
ta mère	君の母親	**tes** sœurs	君の姉妹
son enfant	彼(彼女)の子供	**ses** filles	彼(彼女)の娘たち

★女性名詞が母音または無音の h で始まる場合は ma, ta, sa の代わりにそれぞれ mon, ton, son を用います．

~~ma école~~ → **mon** école 　私の学校

~~sa histoire~~ → **son** histoire 　彼(彼女)の話

★son, sa, ses はいずれも「彼の」，「彼女の」(場合によっては「その」) の意味になり，英語の *his, her* のように所有する人の性を表すわけではありません．

類題

次の (1)〜(5) の (　) 内に入れるのに最も適切なものを，それぞれ ①〜③ のなかから一つずつ選び，解答欄のその番号にマークしてください．

(1) (　　) robe est belle.
　　① Ce　　　② Cet　　　③ Cette

(2) (　　) étudiant est intelligent.
　　① Ce　　　② Cet　　　③ Ces

(3) (　　) histoire est intéressante.
　　① Son　　② Sa　　　③ Ses

(4) Paul et Jacques, ce sont (　　) frères.
　　① mon　　② leur　　③ mes

(5) (　　) appartement est près de la gare.
　　① Sa　　　② Cet　　　③ Ce

解説

(1) 「そのドレスは美しい.」
　robe が女性名詞であることは，それにかかる形容詞が belle であることからわかります．ですから指示形容詞は ③ の女性形 **Cette** を選びます.

(2) 「その学生は頭がいい.」
　étudiant は男性形ですが，母音で始まりますから Ce ではなく，② の **Cet** になります.

(3) 「彼の(彼女の)話は面白い.」
　形容詞 intéressante が女性形であることから，histoire が女性名詞であることがわかりますが，無音の h で始まるので所有形容詞は Sa ではなく，① の **Son** を用います.

(4) 「ポールとジャックは私の兄弟です.」
　frères は複数形ですから ③ の **mes** しかありません.

(5) 「そのアパルトマンは駅の近くにあります.」
　意味としては「彼のアパルトマン」にもなりえますが，appartement が母音で始まっているため，Sa は適当ではありません．母音で始まる男性名詞につく指示形容詞，② の **Cet** が正解になります.

解 答

(1) ③　　(2) ②　　(3) ①　　(4) ③　　(5) ②

第1章 実力問題 1

次の (1)～(5) の (　) 内に入れるのに最も適切なものを，それぞれ ①～③ のなかから一つずつ選び，解答欄のその番号にマークしてください．

(1) Nous avons (　　) amis.
　　① un　　　② de l'　　③ des

(2) (　　) jeune fille est blonde.
　　① Cette　　② Ces　　③ Ce

(3) (　　) parents habitent en France ?
　　① Ta　　　② Votre　　③ Vos

(4) C'est (　　) petite sœur.
　　① un　　　② son　　　③ sa

(5) Il mange toujours (　　) pain au petit déjeuner.
　　① des　　② du　　　③ la

解説

(1) 「私達には友達がいます.」
amis が複数形ですから, ③ の不定冠詞の複数形 **des** が入ります.

(2) 「その若い娘は金髪です.」
fille が女性単数形ですから指示形容詞は ① の女性形 **Cette** になります.

(3) 「あなた(方)の両親はフランスに住んでいますか?」
parents「両親」は複数形です. Votre と Vos はともに「あなた(方)の」ですが, Votre はその後に単数形の名詞がきますから, ここでは ③ の複数形 **Vos** が正解です.

(4) 「それは彼(彼女)の妹です.」
petite sœur で「妹」の意味になります. un も son も後に男性形がきますから, ここでは ③ の女性形 **sa** が正解になります.

(5) 「彼は朝食にいつもパンを食べます.」
「(いくらかの量の)パンを食べる」わけですから pain には部分冠詞がつきます. この中で部分冠詞は du だけですから ② の **du** が正解です.

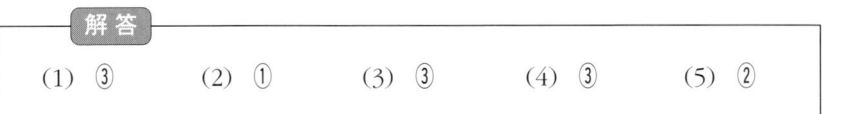

解答

(1) ③   (2) ①   (3) ③   (4) ③   (5) ②

第1章 実力問題 2

次の (1)〜(5) の (　) 内に入れるのに最も適切なものを，それぞれ ①〜③ のなかから一つずつ選び，解答欄のその番号にマークしてください．

(1)　C'est (　　) petite poupée.
　　① un　　　② mon　　　③ ma

(2)　(　　) étudiant travaille beaucoup.
　　① Cet　　　② Cette　　　③ Ce

(3)　(　　) école est en face de la gare.
　　① Ma　　　② Sa　　　③ Son

(4)　C'est (　　) adresse de Monsieur Moreau ?
　　① son　　　② l'　　　③ la

(5)　Il aime boire (　　) vin.
　　① du　　　② un　　　③ les

第1章　実力問題 2　　33

> **解説**

(1) 「それは私の小さな人形です．」
　　形容詞 petite が女性形ですから poupée が女性形であることがわかります．意味的には「一つの」も可能ですが，un は男性形の不定冠詞ですから不可．③の所有形容詞 ***ma*** が正解です．

(2) 「その学生はよく勉強します．」
　　étudiant は男性形．でも Ce は間違いです．étudiant が母音で始まる名詞だからです．①の ***Cet*** が正解です．

(3) 「彼(彼女)の学校は駅の向かいにあります．」
　　意味的には「私の」も「彼(彼女)の」も可能ですが，école が母音で始まっているというのがポイントです．母音で始まっていますからここでは③の ***Son*** のみが可能です．

(4) 「それはモロー氏の住所ですか？」
　　son とすると「モロー氏の，彼の」と二重に限定することになりますから，ここは定冠詞でなければいけません．adresse は女性名詞ですが，母音で始まっていますから②の ***l'*** が正解です．

(5) 「彼はワインを飲むのが好きです．」
　　「(いくらかの量の)ワインを飲むのが好き」なわけですから，vin には部分冠詞をつけます．①の ***du*** が正解です．

> **解答**
>
> (1) ③　　(2) ①　　(3) ③　　(4) ②　　(5) ①

語彙

*単語の記憶チェックに ☑ を活用してください．
*不定冠詞・定冠詞をそれぞれ変えてみましょう．

■場所・施設に関する語彙

- ☑ le café　　　　　カフェ
- ☑ le restaurant　　レストラン
- ☑ le cinéma　　　　映画館
- ☑ le théâtre　　　　劇場
- ☑ le magasin　　　店
- ☑ l'hôtel　　　　　ホテル
- ☑ la gare　　　　　駅
- ☑ l'hôpital　　　　病院
- ☑ l'école　　　　　学校
- ☑ l'université　　　大学
- ☑ la banque　　　銀行
- ☑ la poste　　　　郵便局
- ☑ l'église　　　　　教会

■人に関する語彙

- ☑ un homme　　　男
- ☑ une femme　　　女
- ☑ un garçon　　　男の子
- ☑ une fille　　　　女の子
- ☑ un étudiant　　　学生（男）
- ☑ une étudiante　　学生（女）
- ☑ un enfant　　　　子供（男）
- ☑ une enfant　　　子供（女）
- ☑ un frère　　　　兄（弟）
- ☑ une sœur　　　　姉（妹）

■持ち物に関する語彙

- ☑ un stylo　　　　万年筆
- ☑ un cahier　　　ノート
- ☑ un livre　　　　本
- ☑ un dictionnaire　辞書
- ☑ une montre　　腕時計
- ☑ une cravate　　ネクタイ
- ☑ une serviette　　カバン

■家に関する語彙

- ☑ un jardin　　　　庭
- ☑ un appartement　アパルトマン
- ☑ un salon　　　　居間
- ☑ une maison　　　家
- ☑ une chambre　　寝室
- ☑ une cuisine　　　台所

■部分冠詞がつきやすい名詞

- ☑ du vin　　　　　ワイン
- ☑ du pain　　　　パン
- ☑ du fromage　　　チーズ
- ☑ du beurre　　　バター
- ☑ du poisson　　　魚
- ☑ de l'argent　　　お金
- ☑ de la confiture　ジャム
- ☑ de la viande　　肉
- ☑ de la bière　　　ビール
- ☑ de l'eau　　　　水

第 2 章
動詞に関する問題

　フランス語の動詞は難しいとよく言われます．確かに英語などと異なり，フランス語の動詞は人称によって活用が変化しますから，覚えなければならない動詞の形はたくさんあります．しかし，一見複雑そうにみえる活用も，その規則さえよくつかめば案外簡単であることに気づくはずです．

　さて，試験には動詞に関する問題が出されますが，実際に活用形を書かせるのではなく，**三つの活用形が示されていて，その中から正しい形を選ばせる問題**ですから，比較的簡単です．**時制は直説法現在に限られ**ています．出される動詞も極めて基本的なもので，**第 1 群，第 2 群規則動詞**と **être** と **avoir** の他には，**aller, venir, prendre** といったよく使われる不規則動詞が若干出るくらいです．また，動詞の意味，文の意味がわからなくても，主語の人称さえわかれば解ける問題になっています．しかし，今後は意味を理解した上で活用形を問う出題も予想されますから，それもあわせて練習してみましょう．

　　例題 1, 2
　　　■文法―動詞の活用
　　類題 1, 2
　　出題頻度の高い動詞

第2章 動詞に関する問題

例題 1

次の (1)〜(5) の（　）内に入れるのに最も適切なものを，それぞれ ①〜③ のなかから一つずつ選び，解答欄のその番号にマークしてください．

(1) Je (　　) cette table ici?
　　① mets　　② mettez　　③ mettons

(2) Mes filles (　　) souvent le soir.
　　① sors　　② sort　　③ sortent

(3) Je (　　) le musée du Louvre.
　　① visite　　② visites　　③ visitez

(4) Nous (　　) du tennis.
　　① fais　　② faisons　　③ font

(5) Tu (　　) du café?
　　① bois　　② boit　　③ buvez

解説

(1) 「このテーブルはここに置きますか？」
　mettre「置く」の活用形．語尾が -z で終わる活用形は，主語が vous の場合だけです．また活用形が -ons で終わるのは nous のみ．ここでは主語が je ですから正解は ① の ***mets*** です．

(2) 「私の娘たちは夜しばしば出かけます．」
　sortir「出かける」の活用形．3 人称複数形の活用語尾は -ent です．主語が Mes filles ですから ③ の ***sortent*** が正解です．

(3) 「私はルーブル美術館を訪れます．」
　第 1 群規則動詞 visiter「訪れる」の活用形．-es で終わるのは主語が tu の場合です．-z で終わるのは vous のみ．ですから残りの ① の ***visite*** が正解です．

(4) 「私たちはテニスをします．」
　faire「する」の活用形．faire は極めて不規則な活用をする動詞です．でも nous の活用形は他の動詞と同じく -ons で終わりますから ② の ***faisons*** が正解です．

(5) 「君はコーヒーを飲むかい？」
　boire「飲む」の活用形．tu の活用形は -x で終わるいくつかの例外を除いて -s で終わりますから，① の ***bois*** が正解です．

解 答

(1) ①　　(2) ③　　(3) ①　　(4) ②　　(5) ①

例題 2

次の (1)〜(5) の ( ) 内に入れるのに最も適切なものを，それぞれ ①〜③ のなかから一つずつ選び，解答欄のその番号にマークしてください．

(1) Ma fille (　　) bien.
　　① dorment　② dors　③ dort

(2) Ils (　　) travailler.
　　① doivent　② doit　③ dois

(3) Elle (　　) bien ma mère ?
　　① connais　② connaissent　③ connaît

(4) Nous (　　) la première rue à droite.
　　① prend　② prenez　③ prenons

(5) Sa leçon de piano (　　) à quatre heures.
　　① commence　② commencent　③ commences

解説

(1) 「私の娘はよく眠ります.」
　　dormir「眠る」の活用形. -ent で終わるのは3人称複数形. -s で終わるのは1人称か2人称です. 主語は3人称単数形ですから ③ の ***dort*** が正解.

(2) 「彼らは働かなくてはなりません.」
　　devoir「すべきである」の活用形. 3人称複数形は -ent で終わりますから ① の ***doivent*** が正解です.

(3) 「彼女は私の母をよく知っていますか?」
　　connaître「知っている」の活用形. connaître は3人称単数で t の前の i にアクサン・シルコンフレックスがつきます. ③ の ***connaît*** が正解.

(4) 「私たちは最初の通りを右に曲がります.」
　　prendre「取る」の活用形. nous の活用形は être をのぞき, -ons で終わりますから ③ の ***prenons*** が正解です.

(5) 「彼(彼女)のピアノのレッスンは4時に始まります.」
　　第1群規則動詞 commencer「始まる」の活用形. -es で終わるのは tu, -ent で終わるのは ils, ここでは主語が3人称単数形ですから ① の ***commence*** が正解です.

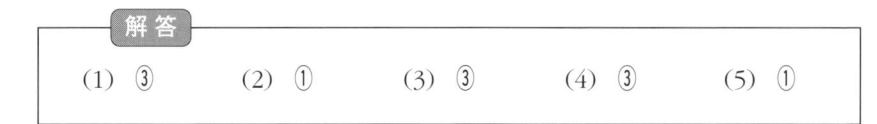

解答

(1) ③　(2) ①　(3) ③　(4) ③　(5) ①

文　法

❖ 動詞の活用

　フランス語の動詞の活用を覚えることは確かに大変ですが，これまでの出題傾向を見る限り，活用語尾の原則さえ理解していれば問題はとけるはずです．ここでは，活用語尾の観点からフランス語の直説法現在の動詞の変化を整理してみましょう．

　最初に極めて例外的な変化をする動詞を覚えましょう．問題にもしばしば登場する重要な動詞です．

――― être（〜である）―――
je **suis**	nous **sommes**
tu **es**	vous **êtes**
il **est**	ils **sont**

――― avoir（〜を持っている）―――
j'**ai**	nous **avons**
tu **as**	vous **avez**
il **a**	ils **ont**

――― aller（行く）―――
je **vais**	nous **allons**
tu **vas**	vous **allez**
il **va**	ils **vont**

――― faire（する）―――
je **fais**	nous **faisons**
tu **fais**	vous **faites**
il **fait**	ils **font**

――― dire（言う）―――
je **dis**	nous **disons**
tu **dis**	vous **dites**
il **dit**	ils **disent**

これ以外の動詞の語尾変化はいくつかのグループに分けることができます．まず**単数形の活用**をみてみましょう．語尾の形によって5つのグループに分けられます．

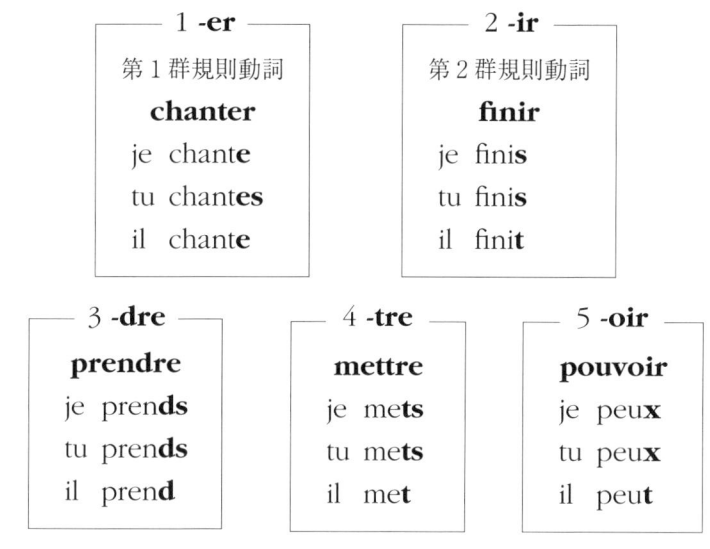

```
── 1 -er ──          ── 2 -ir ──
第1群規則動詞         第2群規則動詞
   chanter              finir
  je chante            je finis
  tu chantes           tu finis
  il chante            il finit
```

```
── 3 -dre ──    ── 4 -tre ──    ── 5 -oir ──
   prendre         mettre         pouvoir
  je prends       je mets         je peux
  tu prends       tu mets         tu peux
  il prend        il met          il peut
```

それぞれのグループに属する動詞を挙げておきましょう．
1 全ての第1群規則動詞と不規則動詞 ouvrir, offrir, souffrir, *etc.*
2 全ての第2群規則動詞と不規則動詞 partir, sortir, voir, croire, lire, *etc.*
3 prendre, entendre, attendre, descendre, répondre, *etc.*
4 mettre, battre, *etc.*
5 pouvoir, vouloir, valoir

一方**複数形の活用語尾**は être, avoir, aller, faire, dire を除けば全て共通です．

```
nous  −ons           nous  chantons
vous  −ez            vous  chantez
ils   −ent           ils   chantent
```

以上の語尾変化の形を覚えておけば，一応問題には対応できるはずです．

類題 1

次の (1)〜(5) の ( ) 内に入れるのに最も適切なものを，それぞれ ①〜③ のなかから一つずつ選び，解答欄のその番号にマークしてください．

(1) Elle ( ) souvent la radio.
　　① écoutes　② écoute　③ écoutent

(2) Ils ( ) cet appartement.
　　① choisissons　② choisissent　③ choisissez

(3) Ils ( ) aux États-Unis.
　　① allons　② va　③ vont

(4) J'( ) souvent parler de vous.
　　① entends　② entend　③ entendent

(5) Tu ( ) du café ?
　　① voulez　② veux　③ veut

解説

(1) 「彼女はよくラジオを聞きます.」
　第1群規則動詞 écouter「聞く」の活用形. 主語が3人称単数形の elle ですから ② の ***écoute*** が正解です.

(2) 「彼らはこのアパルトマンを選びます.」
　第2群規則動詞 choisir「選ぶ」の活用形. 主語が3人称複数形 ils ですから, ② の ***choisissent*** が正解です.

(3) 「彼らはアメリカ合衆国に行きます.」
　aller「行く」の活用形. aller は極めて不規則な変化をする動詞です. 主語が3人称複数形 ils ですから, ③ の ***vont*** になります.

(4) 「私はよくあなたのおうわさをうかがっています.」
　entendre「聞く」の活用形. 主語が1人称単数形 je ですから, ① の ***entends*** が正解です.

(5) 「君はコーヒーが欲しい？」
　vouloir「欲する」の活用形. vouloir は pouvoir, valoir とともに1, 2人称単数形が -x で終わる動詞です. ですから正解は ② の ***veux*** になります.

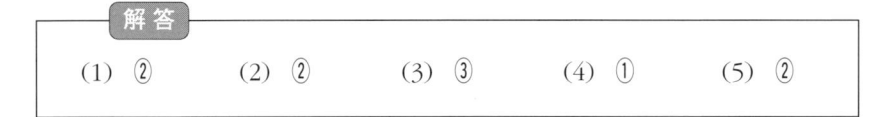

解答
(1) ②　　(2) ②　　(3) ③　　(4) ①　　(5) ②

類題 2

次の (1)〜(5) の (　) 内に入れるのに最も適切なものを，それぞれ ①〜③ のなかから一つずつ選び，解答欄のその番号にマークしてください．

(1) Il vient de (　　) pour les États-Unis.
　　① part　　② partir　　③ partons

(2) Paul et Marie (　　) ensemble.
　　① vit　　② vivons　　③ vivent

(3) Vous (　　) les fleurs ?
　　① aime　　② aimez　　③ aimes

(4) Tu (　　) venir demain ?
　　① peux　　② peut　　③ peuvent

(5) Vous (　　) un château là-bas ?
　　① vois　　② voyez　　③ voyons

解説

(1) 「彼はアメリカ合衆国に出発したところです．」
《venir de＋不定形》の形を近接過去（→p. 52）といい，「～したばかりだ」の意味になります．前置詞の後に動詞をもってくるときは，必ず不定形を用いますから ② の ***partir*** が正解です．

(2) 「ポールとマリーは一緒に生活しています．」
vivre「生活する」の活用形．主語は3人称複数形ですから，③ の ***vivent*** になります．

(3) 「あなた（方）は花が好きですか？」
第1群規則動詞 aimer「好きである」の活用形．主語は vous ですから，② の ***aimez*** が正解です．

(4) 「君は明日来ることができるかい？」
pouvoir「～することができる」の活用形．2人称単数形は vouloir と同じく -x が語尾ですから，① の ***peux*** が正解です．

(5) 「あなたはあそこにある城が見えますか？」
voir「見える」の活用形．vous の活用形ですから，② の ***voyez*** が正解です．

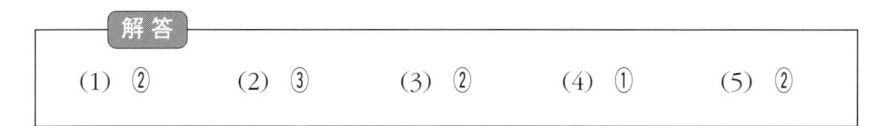

解答

(1) ②　　(2) ③　　(3) ②　　(4) ①　　(5) ②

出題頻度の高い動詞

- ☐ acheter　買う
- ☐ aimer　好きである
- ☐ aller　行く
- ☐ appeler　呼ぶ
- ☐ apprendre　学ぶ
- ☐ attendre　待つ
- ☐ avoir　持つ
- ☐ boire　飲む
- ☐ chercher　探す
- ☐ choisir　選ぶ
- ☐ commencer　始める
- ☐ comprendre　理解する
- ☐ connaître　知っている
- ☐ devoir　しなければならない
- ☐ dire　言う
- ☐ dormir　眠る
- ☐ écrire　書く
- ☐ entrer　入る
- ☐ être　である

- ☐ faire　する
- ☐ fermer　閉じる
- ☐ finir　終える
- ☐ lire　読む
- ☐ manger　食べる
- ☐ mettre　置く
- ☐ ouvrir　開く
- ☐ partir　出発する
- ☐ pouvoir　できる
- ☐ prendre　取る
- ☐ préparer　準備する
- ☐ savoir　知っている
- ☐ sortir　出る
- ☐ travailler　仕事する
- ☐ vendre　買う
- ☐ venir　来る
- ☐ vivre　生きる
- ☐ voir　見る
- ☐ vouloir　欲する

第3章
構文に関する問題

基本的な構文の理解をねらった問題です．正しい語順を見つけることが求められます．これまでに問題となったのは，
- 動詞・冠詞・名詞
- 否定文
- 近接未来・近接過去
- 命令文
- 冠詞・名詞・形容詞
- 数量副詞

などの文法事項を含む構文です．これらは，否定文，命令文など動詞を中心とする構文と，冠詞，形容詞などとともに用いる，名詞を中心とする構文に分けられるでしょう．文の意味を理解した上で正しい語順を考えてください．

第1節　動詞を中心とする構文
　　　　■文法—基本文型，非人称構文，否定文，近接未来・近接過去，命令形
第2節　名詞を中心とする構文
　　　　■文法—形容詞の位置，数量表現について
第3章　実力問題　1, 2
表現の整理

第1節　動詞を中心とする構文

ここでは動詞を中心とするいくつかの構文について，その語順を研究してみましょう．フランス語の基本文型がわからない人は，まず p. 50 に挙げた文型を勉強してから例題を考えてください．

例 題

例にならい，次の (1)〜(4) において，それぞれ ①〜③ をすべて用いて，あたえられた日本語に対応する文を完成したときに，(　　) 内に入るのはどれですか．①〜③ のなかから選び，解答欄のその番号にマークしてください．

例：きょうはとても暑い．

　　　Il _____ (_____) _____ aujourd'hui.
　　　　① chaud　　② fait　　③ très

　　　Il fait (très) chaud aujourd'hui.
　　　　　②　　　③　　　①

　　　となり，②③① の順なので (　　) 内に入るのは ③．

(1) 今朝は天気がよくないですね．

　　　Il _____ (_____) _____ beau ce matin.
　　　　① fait　　② ne　　③ pas

(2) 彼は仕事を終えたところです．

　　　Il _____ (_____) _____ son travail.
　　　　① de　　② finir　　③ vient

(3) 庭に散歩に行きましょうか？
　　　On _____ (_____) _____ dans le jardin ?
　　　　① promener　② se　　③ va

(4) 私はもう彼と話したくない．
　　　Je ne _____ (_____) _____ avec lui.
　　　　① parler　　② plus　　③ veux

解説

(1) Il ne (fait) pas beau ce matin.
　　否定文は動詞を ne ~ pas ではさみます（→p. 52）．正解は ① の **fait** です．Il fait ~ は天候を表す非人称構文です（→p. 51）．

(2) Il vient (de) finir son travail.
　　venir de ~ は「~したばかり」という近接過去を表す構文です（→p. 53）．de の後には動詞の不定形がきます．正解は ① の **de** です．

(3) On va (se) promener dans le jardin ?
　　《aller＋不定形》は「~しようとする」という近接未来の表現になりますが，文脈によっては「~しに行く」という意味にもなります．va の後に se promener「散歩する」という意味の代名動詞の不定形がきます．正解は ② の **se** です．

(4) Je ne veux (plus) parler avec lui.
　　vouloir「~したい」は準助動詞で，その後に動詞の不定形がきます．否定文にするにはこの vouloir を ne ~ pas (plus) ではさみます．ne ~ plus は「もう~ない」という意味の否定形です（→p. 52）．正解は ② の **plus** です．

解答

(1) ①　　(2) ①　　(3) ②　　(4) ②

文法

❖ **基本文型**

フランス語の**基本文型**を整理してみましょう．基本的に6つの文型が考えられます．

① **主語＋動詞**

　　　Pierre chante.　ピエールが歌っている．

動詞の後に様々な修飾語をつけることができ，これを状況補語といいます．

　　　Pierre chante *dans la rue*.　ピエールが通りで歌っている．

② **主語＋動詞＋属詞**

　　　Pierre est grand.　ピエールは背が高い．

動詞 être の後にきて主語の性質や属性を説明する形容詞や名詞を，文法的に属詞と呼びます．英語の補語にあたるものです．

③ **主語＋動詞＋直接目的語**

　　　Pierre mange du pain.　ピエールはパンを食べます．

直接目的語は動詞の後に直接置かれるもので，多くの場合「〜を」と訳されますが，そうでない場合もありますから気をつけてください．直接目的語をとる動詞を他動詞といいます．

　　　Je remercie Pierre.　ピエールに感謝する．

④ **主語＋動詞＋間接目的語**

　　　Pierre obéit à son père.　ピエールは父親に従う．

動詞の動作の対象となり，動詞の後に à や de などの前置詞を入れて用いられるのが間接目的語です．

⑤ **主語＋動詞＋直接目的語＋間接目的語**

  Pierre donne un stylo à Marie.
   ピエールは万年筆をマリーにあげる．

動詞は直接目的語，間接目的語の二つの補語をとります．

⑥ **主語＋動詞＋直接目的語＋属詞**

  Pierre trouve ce film intéressant.
   ピエールはその映画を面白いと思う．

動詞が直接目的語をとると同時に，その直接目的語が属詞を従える構文です．

❖ 非人称構文

フランス語には英語の **It～** にあたる**非人称構文**があります．il を主語としますが，この il は形式上の主語で，「彼は」の意味ではありません．非人称構文は天候や時刻を表す表現などで用いられます．

天候

  Il fait beau.   天気がいい．
  Il fait mauvais. 天気が悪い．
  Il pleut.   雨が降っている．
  Il neige.   雪が降っている．

時刻

  Il est trois heures. 3時です．
  Il est tard.   もう遅い時間です．

その他

  Il y a une voiture devant la maison. 家の前に車があります．
  Il faut partir tout de suite. すぐに出発しなければならない．

第3章 構文に関する問題

❖ 否定文

否定文の語順は次のようになります。

> 主語 + ne + 動詞 + pas

  Je **ne** suis **pas** étudiant. 私は学生ではありません。

★ne の後ろに母音または無音の h で始まる語がくると，ne がエリズィヨンして **n'** になります。

  Je **n'**aime **pas** beaucoup la viande.
    私は肉はあまり好きではありません。

★ne ~ pas のヴァリエーションとして次のような否定の形も覚えておくといいでしょう。

- **ne ~ que ~**　「～しか～ない」

  Je **n'**écoute **que** le jazz. 私はジャズしか聞かない。

- **ne ~ jamais**　「決して～ない」

  Il **ne** travaille **jamais** le dimanche.
    彼は日曜は決して働かない。

- **ne ~ plus**　「もう～ない」

  Je **ne** fume **plus**. 私はもうタバコは吸わない。

- **ne ~ rien**　「何も～ない」

  Je **n'**ai **rien**. 私は何も持っていない。

❖ 近接未来と近接過去

「～しようとしている」という近い未来を表す表現や「～したばかりである」という近接過去の問題がよく出題されます。

近接未来　　aller + 不定形

動詞の aller が本来の「行く」という意味を失って「～しようとしている」という，近い未来を表す表現になります。

Je **vais partir** pour la France cet été.
　　　私はこの夏フランスに出発します．

● 否定形は aller を ne ~ pas ではさみます．

Je **ne** vais **pas** partir.

近接過去　　| **venir + de + 不定形** |

venir が本来の「来る」という意味を失って，「～したばかりである」という，近い過去を表す表現になります．

Je **viens de finir** mes examens.
　　　私は試験を終えたばかりです．

《venir＋不定形》は「～しに来る」ですから，間違えないでください．

Il vient voir sa mère.　彼は母親に会いに来る．

✣ 命令形

命令形そのものの問題はこれまでほとんど出題されていませんが，問題文の中でときどき見かけますので覚えましょう．

命令形は tu と nous と vous の主語を取り除いた3つの形があります．

```
──────── chanter ────────
(tu)      Chante!      歌え！
(nous)    Chantons!    歌いましょう！
(vous)    Chantez!     歌いなさい！
```

● 語尾が -er の動詞の tu に対する命令形では，**tu の活用語尾の -s** がとれます．

tu chantes → Chante!

● 否定形は動詞を **ne ~ pas** ではさみます．

Ne chantez **pas**!　歌ってはいけません！

類題

次の (1)〜(4) において，それぞれ ①〜③ をすべて用いて，あたえられた日本語に対応する文を完成したときに，（　）内に入るのはどれですか．①〜③ のなかから選び，解答欄のその番号にマークしてください．

(1) ピエールは日本に出発したところです．

　　Pierre _____ (_____) _____ pour le Japon.
　　　① de　　　② vient　　③ partir

(2) ピエールとフランソワーズはスキーをしようとしています．

　　Pierre et Françoise _____ (_____) _____ ski.
　　　① faire　　② du　　　③ vont

(3) ポールは野菜しか食べません．

　　Paul _____ (_____) _____ des légumes.
　　　① que　　　② ne　　　③ mange

(4) 彼はもう話せません．

　　Il _____ (_____) _____ parler.
　　　① plus　　② peut　　③ ne

> 解説

(1) Pierre vient (de) partir pour le Japon.
　《venir de＋不定形》で「～したところだ」を意味する近接過去の文になります．① の前置詞の **de** が入ります．

(2) Pierre et Françoise vont (faire) du ski．
　《aller＋不定形》で「～しようとしている」を意味する近接未来の文になります．「スキーをする」は faire du ski．du は部分冠詞です．正解は ① の **faire** です．

(3) Paul ne (mange) que des légumes．
　「～しか～ない」という制限を表す否定は《ne＋動詞＋que～》という構文です（→ p. 52）．正解は ③ の **mange** です．

(4) Il ne (peut) plus parler．
　peut は pouvoir「～することができる」の活用形．vouloir と同様準助動詞で，その後に動詞の不定形がきます．「もう～ない」を意味する否定形はこの pouvoir を ne～plus ではさみます．正解は ② の **peut** です．

> 解答

(1) ①　　(2) ①　　(3) ③　　(4) ②

第2節　名詞を中心とする構文

　名詞を中心として，冠詞や形容詞，数量副詞，前置詞などがからむ語順について考えてみましょう．

例 題

　次の (1)〜(4) において，それぞれ ①〜③ をすべて用いて，あたえられた日本語に対応する文を完成したときに，（　　）内に入るのはどれですか．①〜③ のなかから選び，解答欄のその番号にマークしてください．

(1) それはいい考えですね．
　　C'est _____ (_____) _____.
　　　① bonne　　　② idée　　　③ une

(2) たくさん花が咲いているわね！
　　Il y a _____ (_____) _____ !
　　　① beaucoup　　② de　　　③ fleurs

(3) 今日先生と会う約束があります．
　　Aujourd'hui, j'ai _____ (_____) _____ professeur.
　　　① avec　　　② mon　　　③ rendez-vous

(4) 私はこの本が必要です．
　　J'ai _____ (_____) _____ livre.
　　　① besoin　　　② ce　　　③ de

解説

(1) C'est une (bonne) idée.
　　名詞が形容詞を取るときは，《冠詞＋名詞＋形容詞》か，《冠詞＋形容詞＋名詞》の語順になります．bon（女性形は bonne）は名詞の前にくる形容詞ですから ① の **bonne** が正解です．この語順については 58 頁を参照してください．

(2) Il y a beaucoup (de) fleurs.
　　beaucoup de ～「たくさんの～」．その後に無冠詞名詞がきます（→ p. 59）．正解は ② の **de**.

(3) Aujourd'hui, j'ai rendez-vous (avec) mon professeur.
　　avoir rendez-vous avec ～ で「～と会う約束がある」という意味です．正解は ① の前置詞 **avec**.

(4) J'ai besoin (de) ce livre.
　　avoir besoin de ～ で「～が必要だ」という意味の熟語表現になります．正解は ③ の **de**. avoir ～ という熟語が日常表現でよく使われます（→ p. 66）．

解答

(1) ①　　(2) ②　　(3) ①　　(4) ③

文法

❖ 形容詞の位置

形容詞は**原則として名詞の後**におきます．

  un pantalon **bleu**　青のズボン
  les cheveux **courts**　短い髪

しかし，次のような日常的によく使われる短い形容詞は，**名詞の前**におかれます．

petit	小さい	grand	大きい
jeune	若い	vieux	古い
bon	よい	mauvais	悪い
joli	かわいい	beau	美しい，など

  un **petit** chapeau   小さな帽子
  une **jolie** fleur   かわいらしい花
  un **jeune** homme   青年

cf. 中には名詞の前と後におかれて意味を変える形容詞があります．
  le **dernier** train   最終列車（最後の）
  la semaine **dernière** 先週（この前の）

形容詞の複数形が名詞の前におかれると，**不定冠詞 des が de に変わります**．

  ~~des~~ jolies fleurs → **de** jolies fleurs　かわいらしい花

数量副詞について

名詞の前に前置詞 de を先立てて数量を表す副詞には次のようなものがあります．

beaucoup de ~	たくさんの~
assez de ~	かなりの~
trop de ~	余りにも多くの~
un peu de ~	少しの~

de の後では，**数えられる名詞の場合は複数名詞**が，**数えられない名詞の場合は単数名詞**が，それぞれ**無冠詞**でおかれます．

beaucoup de pommes　　たくさんのリンゴ

un peu de beurre　　少しのバター

なお，**un peu de** の後では**数えられない名詞**しか用いられません．

数量や単位を表す次のような表現もあります．

un litre de ~	1リットルの~
un kilo de ~	1キロの~
un verre de ~	コップ一杯の~
une bouteille de ~	一瓶の~

類題

次の (1)〜(4) において，それぞれ ①〜③ をすべて用いて，あたえられた日本語に対応する文を完成したときに，（　）内に入るのはどれですか．①〜③ のなかから選び，解答欄のその番号にマークしてください．

(1) 私はゴダールの映画が好きです．

J'aime _____ (_____) _____ Godard.

　① films　　　② les　　　③ de

(2) シルヴィは長い髪をしている．

Sylvie a _____ (_____) _____.

　① longs　　　② cheveux　　　③ les

(3) 彼には勉強する十分な時間がある．

Il a _____ (_____) _____ pour travailler.

　① temps　　　② assez　　　③ de

(4) 私の友人は私の両親の家に住んでいる．

Mon ami habite _____ (_____) _____.

　① mes　　　② chez　　　③ parents

解説

(1) J'aime les (films) de Godard.

「ゴダールの」と限定されていますから，films に定冠詞の複数形 les がつきます．正解は ① の ***films*** です．

(2) Sylvie a les (cheveux) longs.

形容詞 longs は名詞の後にきます．cheveu「髪の毛」の複数形は -x をつけて cheveux．名詞の複数形は原則として -s をつけますが，なかには cheveu のように -x をつける場合があります．bateau → bateaux「船」正解は ② の ***cheveux*** です．

(3) Il a assez (de) temps pour travailler.

assez de ～ pour... は「...するのに十分の～」という構文です．assez de の後は beaucoup de などと同じく無冠詞名詞がきます．正解は ③ の ***de*** です．

(4) Mon ami habite chez (mes) parents.

chez ～ は「～の家に」．mes は「私の」で，後に名詞の複数形がくるときに用いる所有形容詞です（→ p. 27）．正解は ① の ***mes*** です．

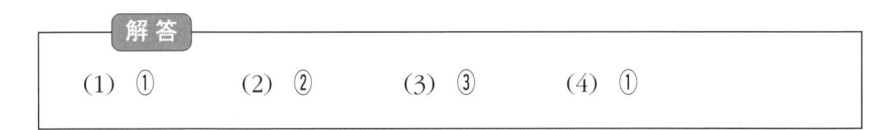

解答

(1) ①　　(2) ②　　(3) ③　　(4) ①

第3章 実力問題 1

次の (1)〜(4) において，それぞれ ①〜③ をすべて用いて，あたえられた日本語に対応する文を完成したときに，（　）内に入るのはどれですか．①〜③ のなかから選び，解答欄のその番号にマークしてください．

(1) 私たちはとてもお腹がすいています．

　　　Nous _____ (_____) _____.
　　　　① faim　　　② avons　　　③ très

(2) それは私の妹です．

　　　C'est _____ (_____) _____.
　　　　① petite　　　② ma　　　③ sœur

(3) 私は歯が痛い．

　　　J'ai _____ (_____) _____.
　　　　① dents　　　② aux　　　③ mal

(4) その車はあなたのですか？

　　　Cette voiture _____ (_____) _____ ?
　　　　① à　　　② vous　　　③ est

解説

(1) Nous avons (très) faim.

　　avoir faim で「お腹がすいている」．このように，《avoir＋無冠詞名詞》で熟語的表現になるものがあります（→p. 66）．faim は名詞ですがここでは形容詞に近く，強調するには faim の前に très をつけます．正解は ③ の ***très*** です．

(2) C'est ma (petite) sœur.

　　petit(e) は名詞の前におく形容詞です．所有形容詞は普通の形容詞（品質形容詞）の前におきます．正解は ① の ***petite*** です．

(3) J'ai mal (aux) dents.

　　《avoir mal à～》で「～が痛い」という熟語表現です．à の後に定冠詞 les がくると，縮約して aux になります（→p. 21）．正解は ② の ***aux*** です．

(4) Cette voiture est (à) vous?

　　《être à～》で「～のもの」という所有を表す表現です．前置詞の後では人称代名詞は強勢形を用います（→p. 94）．正解は ① の ***à*** です．

解答

(1) ③　　(2) ①　　(3) ②　　(4) ①

第3章　実力問題 2

次の (1)〜(4) において，それぞれ ①〜③ をすべて用いて，あたえられた日本語に対応する文を完成したときに，（　）内に入るのはどれですか．①〜③ のなかから選び，解答欄のその番号にマークしてください．

(1) 君はジャムをつけるの？

　　　Tu _____ (_____) _____ ?
　　　① de la　　② confiture　　③ mets

(2) こんな時間にはタクシーに乗りなさい．

　　　Prenez _____ (_____) _____ cette heure-ci.
　　　① un　　② à　　③ taxi

(3) 今日の午後は勉強したくない．

　　　Cet après-midi, je _____ (_____) _____ travailler.
　　　① pas　　② ne　　③ veux

(4) 私はこの春，フランスを旅行しようと思っています．

　　　Je _____ (_____) _____ France ce printemps.
　　　① en　　② vais　　③ voyager

解 説

(1) Tu mets (de la) confiture?

 de la は部分冠詞の女性形で，数えられない名詞につき，「いくらかの量」を表します（→p. 20）．confiture「ジャム」は女性名詞です．正解は ① の **de la** です．

(2) Prenez un (taxi) à cette heure-ci.

 Prenez は prendre の vous に対する命令形です（→p. 53）．最近は命令形の語順は出題されていませんが，今後出る可能性はあります．正解は ③ の **taxi** です．

(3) Cet après-midi, je ne (veux) pas travailler.

 「～したい」は《vouloir＋不定形》．否定形は vouloir を ne ～ pas ではさみます．同じ様な構文をとるものに，pouvoir「～することができる」，devoir「～しなければならない」などがあります．正解は ③ の **veux** です．

(4) Je vais (voyager) en France ce printemps.

 《aller＋不定形》の近接未来の文です．「～の国を旅行する」という場合，国名が男性名詞か女性名詞かによって前置詞がことなります（→p. 21）．「フランスを旅行する」は voyager en France．正解は ③ の **voyager** です．

解 答

(1) ①　　(2) ③　　(3) ③　　(4) ③

表現の整理 1

語順の問題で出題されそうな表現を整理しましょう．

❶ avoir を用いる表現

- ☐ J'ai faim.　　　　　　　　　お腹がすいた．
- ☐ J'ai soif. 　　　　　　　　　のどがかわいた．
- ☐ J'ai chaud. 　　　　　　　　私は暑い．
- ☐ J'ai froid. 　　　　　　　　 私は寒い．
- ☐ Tu as raison. 　　　　　　　君は正しい．
- ☐ Tu as tort. 　　　　　　　　君は間違っている．
- ☐ J'ai besoin de 〜. 　　　　　〜が必要だ．
- ☐ J'ai envie de 〜. 　　　　　　〜が欲しい．
- ☐ J'ai mal à 〜. 　　　　　　　〜が痛い．

❷ 前置詞を用いる表現

- ☐ Elle va à l'école. 　　　　　彼女は学校へ行く．
- ☐ Il vient de Paris. 　　　　　彼はパリから来た．
- ☐ Il est chez lui. 　　　　　　彼は自分の家にいる．
- ☐ Il va avec elle. 　　　　　　彼は彼女と一緒に行く．
- ☐ Il rentre à minuit. 　　　　　彼は零時に帰る．
- ☐ Il va en France. 　　　　　　彼はフランスに行く．
- ☐ Il va au Japon. 　　　　　　 彼は日本に行く．

第4章
応　答　文

　質問されたとき，大切なことは，まず何を聞かれているかを理解することです．その問いが oui か non かの返事を要求するものなのか，あるいは，時や場所，理由，方法などを尋ねているものなのかを理解しなければなりません．後者はいうまでもなく疑問詞を使った問いで，日常的に極めて応用範囲の広い構文です．

　さて，5級の試験では，疑問文に対する正しい答を二つの文のなかから選ばせる問題が出されます．**oui か non か**を問う普通の**疑問文**の他に，疑問詞による問いがよく出されます．**疑問副詞**によるものが最も多く，ついで**疑問代名詞**によるもの，さらに**疑問形容詞**によるものがあります．また**否定疑問文**も出題されています．聞く内容は，人，物，時，場所，手段，値段，職業，天候，名前などですが，挨拶の表現なども混ざっています．

　　　第1節　　1　疑問文，否定疑問文による応答文
　　　　　　　　2　疑問形容詞による応答文
　　　　　　■文法—疑問文の作り方，否定疑問文，疑問形容詞
　　　第2節　　疑問代名詞による応答文
　　　　　　■文法—疑問代名詞
　　　第3節　　疑問副詞による応答文
　　　　　　■文法—疑問副詞
　　　第4章　実力問題　1, 2
　　　　　　■文法—人称代名詞の強勢形

第1節 1 疑問文, 否定疑問文による応答文

例題

次の (1)〜(4) に対する応答として適切なものを，それぞれ ①, ② から選び，解答欄のその番号にマークしてください．

(1) Est-ce qu'il neige encore ?
　　① Non, il ne neige plus.
　　② Oui, il neige déjà.

(2) Est-elle jeune ?
　　① Non, elle n'est pas française.
　　② Oui, elle a dix-huit ans.

(3) Vous ne travaillez pas ?
　　① Non, je ne travaille pas.
　　② Oui, je travaille.

(4) Elle n'est pas française ?
　　① Oui, elle est française.
　　② Si, elle est française.

解説

(1)「まだ雪は降っていますか？」
　①「いいえ，もう降っていません.」
　②「はい，すでに降っています.」
　Il neige. は非人称構文（→ p. 51）で，il は「彼」ではなく形式上の主語です．「まだ降っていますか？」と聞かれて肯定なら encore「まだ〜です」を用い，否定なら ne 〜 plus「もう〜ない」と答えますから，ここでは ① が正解です．

(2)「彼女は若いですか？」
　①「いいえ，彼女はフランス人ではありません.」
　②「はい，彼女は 18 歳です.」
　主語と動詞が倒置された疑問文です．① は国籍を言っており，② は年齢を答えていますから，意味から言って当然 ② が正解です．

(3)「あなたは仕事をしていないんですか？」
　①「はい，していません.」
　②「はい，しています.」
　否定疑問文です．肯定で答えるときは si，否定で答えるときは non を使います．② は si を使うべきなのに oui を用いていますから×で，① が正解です．

(4)「彼女はフランス人ではないんですか？」
　①「はい，彼女はフランス人です.」
　②「いいえ，彼女はフランス人です.」
　これも否定疑問文の応答です．肯定で答えるときは si を使いますから ② が正解です．否定疑問文で答えるときは日本語訳は，si は「いいえ」，non は「はい」となりますから注意が必要です．

解答

(1) ①　　(2) ②　　(3) ①　　(4) ②

2　疑問形容詞による応答文

> 例題

次の (1)〜(4) に対する応答として適切なものを，それぞれ ①, ② から選び，解答欄のその番号にマークしてください．

(1) Quel jour sommes-nous ?
　　① C'est aujourd'hui.
　　② C'est lundi.

(2) De quelle couleur est ta voiture ?
　　① Elle est rouge.
　　② Elle est petite.

(3) Quel temps fait-il ?
　　① Il est trois heures.
　　② Il pleut.

(4) Quelle est cette fleur ?
　　① C'est une rose.
　　② Elle est rouge.

解説

(1) 「今日は何曜日ですか？」
　① 「今日です．」
　② 「月曜日です．」
　Quel jour sommes-nous? は曜日を聞く場合の言い回しです．ちなみに「今日は何日ですか？」は Nous sommes le combien? と言います．正解は ② の ***C'est lundi.*** ですが Nous sommes lundi. と答えることもできます．

(2) 「君の車は何色なの？」
　① 「赤だよ．」
　② 「小さいよ．」
　De quelle couleur …? の前置詞 de は「(何色)の」という性質を表します．解答で Elle est rouge. の Elle は ma voiture「私の車」を受けています．① の ***Elle est rouge.*** が正解です．

(3) 「どんな天気ですか？」
　① 「3時です．」
　② 「雨が降っています．」
　temps は「天候」で Quel temps fait-il? は天候を聞く非人称構文です．① が答えとなる「時刻」を聞く言い回しは Quelle heure est-il? です．② の ***Il pleut.*** が正解です．pleut は pleuvoir という非人称動詞の活用形です．

(4) 「その花は何ですか？」
　① 「それはバラです．」
　② 「それは赤です．」
　quel(le) は属詞の位置に置かれて「～は何ですか？」の意味になります．① の ***C'est une rose.***「それはバラです．」が正解です．

解 答

(1) ②　　(2) ①　　(3) ②　　(4) ①

文法

❖ 疑問文の作り方

oui か non で答える普通の疑問文の作り方を学びましょう．
疑問文の作り方には 3 つあります．

1) **平叙文の語順を変えず，上昇調のイントネーション**で発音します．
   Vous parlez français?　あなたはフランス語を話しますか？

2) 文頭に **Est-ce que** ～「～ですか？」をつけ，後に平叙文をおきます．
   Est-ce que vous parlez français?

   que の後に母音または無音の h で始まる語がくると que はエリズィヨンして qu' になります．　Est-ce qu'il parle français?

3) 主語と動詞を倒置します．
   Parlez-vous français?

   主語が名詞の場合は，まず名詞をおき，そのあとに名詞を代名詞になおしたものと動詞を倒置します（これを複合倒置といいます）．
   Paul et Jacques sont-ils étudiants?
   　　ポールとジャックは学生ですか？

1), 2) は日常会話で，3) は主に改まった会話や文章語で使います．

❖ 否定疑問文

「～ではありませんか？」という否定疑問文の応答文で，肯定で答えるときは si「いいえ」，否定で答えるときは non「はい」を使います．

Vous **n'êtes pas** français?
　あなたはフランス人ではないんですか？
Si, je suis français.　いいえ，フランス人です．
Non, je ne suis pas français.　はい，フランス人ではありません．

❖ 疑問形容詞

疑問形容詞は，それがかかる名詞の性・数によって形が変化します．

	単数	複数
男性形	**quel**	**quels**
女性形	**quelle**	**quelles**

ただし発音はみな同じです．

疑問形容詞は名詞にかかることも，属詞として使われることもあります．

Quel film aimez-vous?　　　　あなたはどんな映画が好きですか？
Quelle est votre adresse?　　　ご住所はどこですか？

quel を使った文章をいくつかあげましょう．

Quel est votre nom?　　　　　あなたのお名前は？
— Je m'appelle Paul Vincent.　　私の名前はポール・ヴァンサンです．
De **quelle** nationalité êtes-vous?　あなたの国籍はどこですか？
— Je suis de nationalité japonaise.　私は日本国籍です．
Quel âge avez-vous?　　　　　あなたは何歳ですか？
— J'ai vingt ans.　　　　　　　20 歳です．
À **quelle** heure partez-vous?　　何時に出発しますか？
— Je pars à huit heures.　　　　8 時に出発します．

また疑問形容詞は《quel＋名詞！》という構文で，感嘆文の中でも用いられます．

Quelle chaleur!　　　なんとひどい暑さだ！
Quelle jolie fleur!　　なんときれいな花だろう！

類題 1

次の (1)〜(4) に対する応答として適切なものを，それぞれ ①, ② から選び，解答欄のその番号にマークしてください．

(1) Vous ne venez pas ?

 ① Si, tout de suite.

 ② Non, avec plaisir.

(2) Vous voulez partir maintenant ?

 ① Non, pas maintenant.

 ② Si, je pars maintenant.

(3) Tu n'apprends plus le français ?

 ① Oui, j'apprends le français.

 ② Si, j'apprends toujours le français.

(4) Tu veux encore danser ?

 ① Oui, je veux bien.

 ② Non, pas encore.

解説

(1) 「あなたは来ないのですか？」
　① 「いいえ，すぐに(行きます)．」
　② 「はい，喜んで(行きません)．」
　否定疑問文で尋ねられた場合，肯定で答えるときは si．① は Si, (je viens) tout de suite. で意味が通りますが，② は Non, (je ne viens pas) avec plaisir. で，論理的におかしな表現になってしまいます．① が正解です．

(2) 「あなたは今出発したいですか？」
　① 「いいえ，今は(出発)したくありません．」
　② 「いいえ，今出発します．」
　① は Non, (je ne veux) pas (partir) maintenant. の略で，意味として正解です．
　② は否定疑問文でないのに si で答えることはありませんから×です．

(3) 「君はもうフランス語を勉強していないの？」
　① 「うん，フランス語を勉強している．」
　② 「いや，今もまだフランス語を勉強しているよ．」
　ne ～ plus は「もう～ない」．① は否定疑問文で聞かれているのに Oui で答えているので間違いです．② の toujours は「今もまだ」の意味で，ne ～ plus で聞かれて肯定で答えるときに用います．② が正解です．

(4) 「君はもっと踊りたいの？」
　① 「ええ，そうしたいわ．」
　② 「いいえ，まだよ．」
　encore「もっと」に対して，pas encore「まだ～ない」は意味的に不自然ですから ② は間違い．① の Oui, je veux bien (danser). は自然な答えです．

解答

(1) ①　　(2) ①　　(3) ②　　(4) ①

類題 2

次の (1)〜(4) に対する応答として適切なものを，それぞれ ①, ② から選び，解答欄のその番号にマークしてください．

(1) Quelle heure est-il?

　　① Il n'est pas là.

　　② Il est trois heures.

(2) Quelle est votre adresse?

　　① 5, rue Montmartre.

　　② Oui, c'est mon adresse.

(3) Quel âge avez-vous?

　　① J'ai vingt ans.

　　② Nous sommes dix.

(4) Quelle est votre taille?

　　① 1 m 70 cm.

　　② Je fais du 40.

解説

(1) 「何時ですか？」
　① 「彼はそこにはいません．」
　② 「3時です．」
　Quelle heure est-il? は時刻の聞き方です．時刻を言うには非人称構文を用います．② が正解です．

(2) 「ご住所はどちらですか？」
　① 「モンマルトル通り 5 番地です．」
　② 「はい，それは私の住所です．」
　住所を尋ねています．Quel ~? で聞かれて，oui, non で答えることはありませんから ② は間違いです．① が正解です．

(3) 「あなたは何歳ですか？」
　① 「20 歳です．」
　② 「私達は 10 人です．」
　年齢の言い方．動詞は avoir を用います．① が正解です．② の答えにたいしては Vous êtes combien?「あなたがたは何人ですか？」が問いになります．

(4) 「背の高さはどれくらいありますか？」
　① 「1 m 70 cm です．」
　② 「40 号です．」
　taille はここでは「身長」の意味ですが，「サイズ」の意味もあり，サイズを聞く場合には Quelle taille faites-vous? という聞き方をし，答えが ② のように Je fais du ~「~号です」という言い方になります．正解は ① です．

解 答

(1) ②　　(2) ①　　(3) ①　　(4) ①

第 2 節　疑問代名詞による応答文

「誰が」とか「何を」といった，**人や物について尋ねる疑問代名詞**による応答文です．

例 題

次の (1)〜(4) に対する応答として適切なものを，それぞれ ①, ② から選び，解答欄のその番号にマークしてください．

(1) Qu'est-ce que c'est?

　　① C'est mon oncle.

　　② C'est une église.

(2) Qui est-ce?

　　① C'est la mère de Sophie.

　　② C'est un cadeau pour moi.

(3) Qui est-ce que vous cherchez?

　　① Je cherche mon billet.

　　② Je cherche Pierre.

(4) Qu'est-ce qu'il fait dans sa chambre?

　　① Il écrit une lettre.

　　② Il est professeur.

解説

(1) 「これは何ですか？」
   ① 「私の叔父です．」
   ② 「教会です．」

　Qu'est-ce que…? は「何？」と物を尋ねる言い方ですから ② の **C'est une église.**「教会です．」が正解です．

(2) 「それは誰ですか？」
   ① 「ソフィーの母親です．」
   ② 「私へのプレゼントです．」

　Qui est-ce? の qui は「誰？」と人について尋ねる言い方ですから ① が正解です．

(3) 「あなたは誰をさがしていますか？」
   ① 「私の切符をさがしています．」
   ② 「ピエールをさがしています．」

　(2) と同様，Qui…? と人について尋ねていますから ② が正解です．疑問文は est-ce que を使わず Qui cherchez-vous? と尋ねることもできます．

(4) 「彼は部屋で何をしていますか？」
   ① 「手紙を書いています．」
   ② 「彼は教師です．」

　「部屋で」とありますから，ここでは彼がしている行為を尋ねています．① が正解です．Qu'est-ce qu'il fait? だと「あなたは何をしていますか？」と職業を尋ねる言い方にもなって，② も正解になります．

解答

(1) ②　　(2) ①　　(3) ②　　(4) ①

文　法

❖ 疑問代名詞

疑問代名詞は，問う対象が《人》か《物・事》かによって形が違い，また，それが主語か目的語かによって構文が異なります．

人について尋ねる場合をみてみましょう．英語の *who* にあたるのが **qui** です．

1) 主語（誰が？）	2) 直接目的語（誰を？）・3) 属詞（誰？）
Qui …?	**Qui** …?
Qui est-ce qui …?	**Qui est-ce que** …?

1) **Qui** chante ?（**Qui est-ce qui** chante ?）
   誰が歌っていますか？
   — C'est Pierre. ピエールです．
2) **Qui** cherchez-vous ?
   (**Qui est-ce que** vous cherchez ?) 誰を探していますか？
   — Je cherche Pierre. ピエールを探しています．
3) **Qui** est-ce ? それは誰ですか？
   — C'est Pierre. ピエールです．

このように，倒置による疑問文と est-ce que を使うものと二通りの構文があり，前者は文章語，あるいは丁寧な会話文で用いられます．くだけた言い方で，Tu cherches qui ? のように，疑問代名詞を文の末尾にもってきて上昇調のイントネーションで疑問を表す構文もあります．

なお，普通の疑問文の作り方については (p. 72) の 文法 を参照してください．

次は**物・事**を尋ねる言い方ですが，英語の *what* にあたるのが **que** です．

1) 主語（何が？）	2) 直接目的語（何を？） 3) 属詞（何？）
	Que…?
Qu'est-ce qui …?	**Qu'est-ce que** …?

1) **Qu'est-ce qui** ne va pas?　　　　何がうまくいかないのですか？
   ― Mon travail.　　　　　　　　　　私の仕事です．
2) **Que** faites-vous?
   (**Qu'est-ce que** vous faites?)　　あなたは何をしていますか？
   ― Je travaille.　　　　　　　　　　勉強しています．
3) **Qu'est-ce que** c'est?　　　　　　それは何ですか？
   ― C'est un camion.　　　　　　　　それはトラックです．

くだけた言い方として，que を文の末尾にもってくることもできますが，その場合 que は強勢形の **quoi** に変わります．

　　　― C'est **quoi**?　　　　　　　　それは何ですか？

また疑問代名詞の前に前置詞をおくことができますが，この時も que は quoi に変わります．

　　A qui parlez-vous?　　　　　　誰に話しているんですか？
　　De quoi parlez-vous?　　　　　何について話しているんですか？

★母音で始まる語の前では，que は **qu'** とエリジオンしますが，qui はしません．

　　Qu'est-ce que c'est?　　　　　　それは何ですか？
　　Qui est-ce?　　　　　　　　　　それは誰ですか？

類題

次の (1)〜(4) に対する応答として適切なものを，それぞれ ①, ② から選び，解答欄のその番号にマークしてください．

(1) Qu'est-ce que vous regardez?

 ① Je regarde la télévision.

 ② Je regarde Pierre.

(2) Qui est-ce qui parle avec Pierre?

 ① C'est Sylvie.

 ② Il est avec Sylvie.

(3) Qui voyez-vous?

 ① Je vois la tour Eiffel.

 ② Je vois le père de Laurent.

(4) Qu'est-ce qu'il fait?

 ① Il est journaliste.

 ② Il est français.

解説

(1) 「あなたは何を見ていますか？」
　　① 「テレビを見ています.」
　　② 「ピエールを見ています.」
　物を尋ねていますから ① が正解です. ② の答えなら疑問文は Qui est-ce que vous regardez? になります.

(2) 「誰がピエールと話していますか？」
　　① 「シルヴィです.」
　　② 「彼はシルヴィと一緒です.」
　「誰が？」とここでは主語を尋ねているわけですから, ① のように C'est... 「それは...」と答えるのが正解です. ② を導く疑問文は Avec qui est-il? になります.

(3) 「誰が見えますか？」
　　① 「エッフェル塔が見えます.」
　　② 「ピエールの父親が見えます.」
　人について尋ねていますから, ② が正解です. ① の答を導く疑問文は Que voyez-vous? になります.

(4) 「彼は何をしていますか？」
　　① 「彼はジャーナリストです.」
　　② 「彼はフランス人です.」
　Qu'est-ce qu'il fait? は職業を尋ねる言い回しですから ② のように国籍を答えることはありません. 正解は ① です.

解答

(1) ①　　(2) ①　　(3) ②　　(4) ①

第3節　疑問副詞による応答文

「いつ」「どこで」「なぜ」「どうやって」「どれくらい」のように，時，場所，理由，方法，量を問うには**疑問副詞**を使います．

例題

次の (1)〜(4) に対する応答として適切なものを，それぞれ ①, ② から選び，解答欄のその番号にマークしてください．

(1) Tu t'appelles comment?
　　① En train.　Et toi?
　　② François.　Et toi?

(2) Tu prends tes vacances quand?
　　① Au Japon.
　　② En août.

(3) Pardon, où est la station de métro?
　　① Vous allez tout droit.
　　② Vous prenez le petit déjeuner.

(4) Pourquoi tu pleures?
　　① Parce que j'ai mal aux dents.
　　② Parce qu'il fait beau aujourd'hui.

解説

(1) 「君の名前は？」
　① 「汽車で．君は？」
　② 「フランソワ．君は？」
　Comment...? は「どのように？」この動詞は s'appeler という代名動詞で，「～という名前です」の意味です．名前を尋ねていますから ② が正解です．

(2) 「君はいつバカンスを取るの？」
　① 「日本で．」
　② 「8月に．」
　Quand...? は「いつ？」と「時」を尋ねる疑問副詞です．② が正解で，省略せずに言うなら Je prends mes vacances en août. になります．

(3) 「すみませんが，地下鉄の駅はどこですか？」
　① 「まっすぐ行きなさい．」
　② 「朝食をとりなさい．」
　Où...? は場所を尋ねる疑問副詞です．正解は ① で，Vous allez... のような2人称の現在形は，文脈によっては「～しなさい」という軽い命令を表します．

(4) 「なぜ泣いているの？」
　① 「歯が痛いから．」
　② 「今日は天気がいいから．」
　Pourquoi...? は「何故...？」と理由を尋ねる疑問副詞．答えるときはかならず Parce que...「なぜなら...」で始めます．② はふつうは論理的におかしいですね．avoir mal à ～ は「～が痛い」という熟語です．

解答

(1) ②　　(2) ②　　(3) ①　　(4) ①

文　法

❖ 疑問副詞

疑問副詞には次の5つがあります．作り方には普通の疑問文と同様，① イントネーションによる言い方，② est-ce que を使う言い方，③ 倒置による言い方，の3つの言い方があります．

1)「いつ？」 **quand ?**

① Vous partez **quand** ?
あなたはいつ出発しますか？

— Je pars demain.
あす出発します．

② **Quand est-ce que** vous partez ?

③ **Quand** partez-vous ?

2)「どこ？」 **où ?**

① Vous allez **où** ?
どこへ行くんですか？

— Je vais à la poste.
郵便局に行きます．

② **Où est-ce que** vous allez ?

③ **Où** allez-vous ?

3) 「なぜ？」 **pourquoi ?**

 ① Vous pleurez **pourquoi** ?
  なぜ泣いているんですか？
  ― Parce que je suis triste.
   悲しいからです．

 ② **Pourquoi est-ce que** vous pleurez ?

 ③ **Pourquoi** pleurez-vous ?

4) 「どうやって？」 **comment ?**

 ① Vous rentrez **comment** ?
  どうやって帰りますか？
  ― Je prends un taxi.
   タクシーに乗ります．

 ② **Comment est-ce que** vous rentrez ?

 ③ **Comment** rentrez-vous ?

5) 「どれくらい？」 **combien ?**

 ① Ça coûte **combien** ?
  それはいくらしますか？
  ― Ça coûte 10 euros.
   10 ユーロします．

 ② **Combien est-ce que** ça coûte ?

 ③ **Combien** ça coûte-t-il ?

また ①，②，③ の他に，疑問副詞を文頭にして，そのあと平叙文をもってくる表現もありますが，かなりくだけた言い回しになります．

  Pourquoi tu pleures ? 何故泣いてるの？
  Combien ça coûte ? それ，いくら？

類題

次の (1)〜(4) に対する応答として適切なものを，それぞれ ①，② から選び，解答欄のその番号にマークしてください．

(1) Comment allez-vous à Disneyland ?

　① En TGV.

　② Nous allons bien.

(2) Où est-ce qu'il travaille ?

　① À la poste.

　② Il travaille jusqu'à midi.

(3) Quand est-ce qu'il arrive ?

　① Il arrive à Paris.

　② Demain midi.

(4) Pourquoi ne mangez-vous pas ?

　① Parce que j'ai faim.

　② Parce que je n'ai pas faim.

解説

(1) 「あなたがたはどうやってディズニーランドに行きますか？」
　① 「TGV で．」
　② 「私達は元気です．」
　Comment …? は，ここでは「どうやって」という乗り物の手段を尋ねています．① の (Nous allons) en TGV が正解です．Comment allez-vous? なら ② の答えになります．

(2) 「彼はどこで働いていますか？」
　① 「郵便局です．」
　② 「彼は正午まで働きます．」
　Où …?「どこで…？」と場所を尋ねていますから，① が正解です．② の答えなら Jusqu'à quand travaille-t-il? になります．

(3) 「彼はいつ到着しますか？」
　① 「彼はパリに到着します．」
　② 「明日の正午です．」
　② は (Il arrive) demain midi. ということです．Quand ~? は時を尋ねていますから ② が正解です．

(4) 「なぜあなたは食べないんですか？」
　① 「なぜならお腹がすいているからです．」
　② 「なぜならお腹がすいていないからです．」
　Pourquoi …? と理由を尋ねられたら Parce que …「なぜなら…」で答えます．論理的にいって正しいのは ② ですね．

解答

(1) ①　　(2) ①　　(3) ②　　(4) ②

第4章 実力問題 1

次の (1)〜(4) に対する応答として適切なものを，それぞれ ①，② から選び，解答欄のその番号にマークしてください．

(1) Qu'est-ce que vous avez dans votre serviette ?

    ① Je n'ai rien.

    ② J'ai trois frères.

(2) Vous ne fumez pas ?

    ① Oui, je fume.

    ② Si, je fume.

(3) Comment rentrez-vous ?

    ① En métro.

    ② Je rentre avec Pierre.

(4) À quel étage habite-t-il ?

    ① Il habite dans un appartement.

    ② Il habite au deuxième étage.

解 説

(1) 「かばんの中に何を持っていますか？」
 ① 「何も持っていません。」
 ② 「兄弟は 3 人います。」
 かばんの中に兄弟を 3 人持っているというのは，論理的に変ですね．① が正解です．ne ... rien は「何も...ない」という否定の表現です（→ p. 52）．

(2) 「あなたはたばこを吸わないんですか？」
 ① 「はい，吸います．」
 ② 「いいえ，吸います．」
 否定疑問で聞かれて肯定で答えるには si を用います．日本語だと「いいえ」になることに注意．正解は ② です．

(3) 「あなたはどうやって帰りますか？」
 ① 「地下鉄で（帰ります）．」
 ② 「ピエールと帰ります．」
 手段を尋ねています．乗り物の手段を言う場合，en métro「地下鉄で」，en taxi「タクシーで」，en avion「飛行機で」と en を使う場合と，à moto「バイクで」，à bicyclette「自転車で」と à を用いる場合があります．正解は ① です．

(4) 「彼は何階に住んでいますか？」
 ① 「アパルトマンに住んでいます．」
 ② 「3 階に住んでいます．」
 階数の言い方に注意．1 階は le rez-de-chaussée と言い，2 階が le premier étage, 3 階が le deuxième étage というふうに 1 階ずつずれています．② の au は à+le の冠詞の縮約形（→ p. 21）です．正解は ②．

解 答

(1) ①　　(2) ②　　(3) ①　　(4) ②

第4章 実力問題 2

次の (1)〜(4) に対する応答として適切なものを，それぞれ ①, ② から選び，解答欄のその番号にマークしてください．

(1) Quel est cet animal ?

　　① C'est joli.

　　② C'est un lion.

(2) Où allez-vous ?

　　① Je vais très bien.

　　② Chez Pierre.

(3) Il n'est pas français ?

　　① Si, il est français.

　　② Oui, il est français.

(4) Qui est-ce que vous attendez ?

　　① J'attends mon professeur.

　　② J'attends à la gare.

解説

(1) 「この動物は何ですか？」
　① 「それはかわいいです.」
　② 「ライオンです.」
　Quel...?「何...?」と尋ねているわけですから，動物の種類を答えます．② が正解です．

(2) 「あなたはどこへ行きますか？」
　① 「とても元気です.」
　② 「ピエールの家です.」
　① は aller を使っていますが，「元気だ」という挨拶の表現です．② は Je vais chez Pierre. の略された言い方で，こちらが正解です．

(3) 「彼はフランス人ではないんですか？」
　① 「いいえ，彼はフランス人です.」
　② 「はい，彼はフランス人です.」
　否定疑問文で尋ねられて肯定の返事であれば si を使い，否定であれば non を使います．「フランス人だ」と肯定しているのですから ① が正解です．

(4) 「あなたは誰を待っているんですか？」
　① 「私は先生を待っています.」
　② 「私は駅で待っています.」
　② は Où attendez-vous? という，場所を問う文に対する答です．ここでは「誰を」と尋ねているわけですから ① が正解です．

解答

(1) ②　　(2) ②　　(3) ①　　(4) ①

文法

❖ 人称代名詞の強勢形

je や tu, il などは主語人称代名詞といって主語にしかなれない代名詞です．それに対して，例えば「それは私です」という文のように，属詞として人称代名詞を使いたいなら強勢形と呼ばれる形をもちいなければなりません．「私」の強勢形は moi ですから，「それは私です．」は C'est moi. となります．

主語	強勢形	主語	強勢形
je	**moi**	nous	**nous**
tu	**toi**	vous	**vous**
il	**lui**	ils	**eux**
elle	**elle**	elles	**elles**

強勢形は次のような場合に用いられます．

1) **属詞**として

   C'est **moi**.　　　　　　　　それは私です．

2) **前置詞の後**で

   Cette maison est *à* **eux**?　　その家は彼らのですか？

3) **主語の強調**として

   Moi, *je* m'appelle Paul.　　私はポールといいます．

4) **比較構文の que の後**で

   Je suis plus grand *que* **lui**.　私は彼より背が高い．

第5章
語彙

　語彙に関する出題は，あるテーマに関する3つの単語の中から一つを選ぶという形式で出題されます．ほとんどが「日本語で示した特徴を持つ語」を選ぶ問題ですが，2000年春には「反対の意味を表す語」，2002年春には「日本語で示した特徴を持たない語」を選ぶ問題が出されています．

　テーマとしては，「色」「家族」「知覚」「曜日」「視覚」「天候」「時」「場所」「遠近」「買い物」「身体」「方向」「場所」「国籍」「食事」「月の名」「値段」「大きさ」など，多岐にわたっています．品詞は，名詞が最も多く出題されていますが，形容詞，動詞，前置詞も出されます．

　いずれも日常的によく使われる語彙です．試験対策としては，あるまとまった語彙グループを整理しておくと有効でしょう．

　　第1節　　名詞に関する語彙
　　　　　■名詞の語彙
　　第2節　　動詞，形容詞，前置詞に関する語彙
　　　　　■動詞，形容詞，前置詞などの語彙
　　第5章　実力問題　1, 2

第1節　名詞に関する語彙

> 例　題

次の (1)〜(4) において，日本語で示した**特徴を持っている語**を，それぞれ ①〜③ のなかから一つずつ選び，解答欄のその番号にマークしてください．

(1)　身　体
　　　① bois　　　　② bras　　　　③ bruit

(2)　食　事
　　　① déjeuner　　② travail　　　③ ville

(3)　家　族
　　　① livre　　　 ② sac　　　　 ③ sœur

(4)　曜　日
　　　① juin　　　　② lundi　　　　③ printemps

> **解 説**

それぞれの単語の意味さえ知っていれば問題はないはずです．

(1) ① 林　　　　② 腕　　　　③ 音

② の ***bras*** が正解です．身体の語彙としては，他に tête「頭」, jambe「脚」, dos「背中」など．

(2) ① 昼食　　　② 仕事　　　③ 街

① の ***déjeuner*** が正解です．食事の語彙としては，他に petit déjeuner「朝食」, dîner「夕食」

(3) ① 本　　　　② バッグ　　③ 姉（妹）

③ の ***sœur*** が正解です．家族の語彙としては，他に père「父」, mère「母」, enfant「子供」など．

(4) ① 六月　　　② 月曜日　　③ 春

② の ***lundi*** が正解です．曜日の語彙としては，他に mardi「火曜日」, samedi「土曜日」, dimanche「日曜日」など．

> **解 答**
>
> (1) ②　　(2) ①　　(3) ③　　(4) ②

名詞の語彙

■ 身体の部位
- ☐ bouche　　　口
- ☐ bras　　　　腕
- ☐ cheveu　　　髪
- ☐ cou　　　　首
- ☐ épaule　　　肩
- ☐ jambe　　　脚
- ☐ main　　　　手
- ☐ nez　　　　鼻
- ☐ œil　　　　目
- ☐ oreille　　　耳
- ☐ pied　　　　足
- ☐ tête　　　　頭
- ☐ ventre　　　腹
- ☐ visage　　　顔

■ 衣服
- ☐ chapeau　　　帽子
- ☐ chaussette　　靴下
- ☐ chaussure　　靴
- ☐ chemise　　　ワイシャツ
- ☐ gant　　　　手袋
- ☐ jupe　　　　スカート
- ☐ manteau　　コート
- ☐ pantalon　　ズボン
- ☐ pull-over　　セーター
- ☐ robe　　　　ドレス
- ☐ veste　　　　ジャケット

■ 住居
- ☐ appartement　アパルトマン
- ☐ bureau　　　書斎
- ☐ chambre　　寝室
- ☐ cuisine　　　台所
- ☐ maison　　　家
- ☐ salon　　　　居間
- ☐ studio　　　ステュディオ

■ 食べ物
- ☐ fruit　　　　果物
- ☐ gâteau　　　お菓子
- ☐ légume　　　野菜
- ☐ pain　　　　パン
- ☐ poisson　　　魚
- ☐ viande　　　肉

■ 飲物
- ☐ bière　　　　ビール
- ☐ café　　　　コーヒー
- ☐ eau　　　　水
- ☐ jus de fruit　　ジュース
- ☐ lait　　　　ミルク
- ☐ thé　　　　紅茶
- ☐ vin　　　　ワイン

第 1 節　名詞に関する語彙　99

■月名
- [ ] janvier　　1 月
- [ ] février　　2 月
- [ ] mars　　3 月
- [ ] avril　　4 月
- [ ] mai　　5 月
- [ ] juin　　6 月
- [ ] juillet　　7 月
- [ ] août　　8 月
- [ ] septembre　　9 月
- [ ] octobre　　10 月
- [ ] novembre　　11 月
- [ ] décembre　　12 月

■季節
- [ ] printemps　　春
- [ ] été　　夏
- [ ] automne　　秋
- [ ] hiver　　冬

■曜日
- [ ] lundi　　月曜日
- [ ] mardi　　火曜日
- [ ] mercredi　　水曜日
- [ ] jeudi　　木曜日
- [ ] vendredi　　金曜日
- [ ] samedi　　土曜日
- [ ] dimanche　　日曜日

■方角
- [ ] est　　東
- [ ] ouest　　西
- [ ] sud　　南
- [ ] nord　　北

■乗り物
- [ ] avion　　飛行機
- [ ] bateau　　船
- [ ] bus　　バス
- [ ] moto　　バイク
- [ ] taxi　　タクシー
- [ ] train　　列車

■職業
- [ ] avocat　　弁護士
- [ ] écrivain　　作家
- [ ] ingénieur　　技師
- [ ] journaliste　　新聞記者
- [ ] médecin　　医者
- [ ] professeur　　先生

■家族
- [ ] cousin　　従兄弟
- [ ] fille　　娘
- [ ] fils　　息子
- [ ] oncle　　叔父
- [ ] tante　　叔母

類題 1

次の (1)〜(4) において，日本語で示した**特徴を持っている語**を，それぞれ ①〜③ のなかから一つずつ選び，解答欄のその番号にマークしてください．

(1) 天　候

　　　① chapeau　　　② pluie　　　③ bus

(2) 学用品

　　　① dictionnaire　　② viande　　　③ jupe

(3) 店

　　　① chambre　　　② pied　　　③ librairie

(4) 郵　便

　　　① vélo　　　② lettre　　　③ jeudi

解説

(1) ① 帽子　　　② 雨　　　③ バス

② の ***pluie*** が正解です．天候の語彙としては，他に vent「風」, neige「雪」, nuage「雲」など．

(2) ① 辞書　　　② 肉　　　③ スカート

① の ***dictionnaire*** が正解です．学用品の語彙としては，他に livre「本」, crayon「鉛筆」, stylo「万年筆」など．

(3) ① 部屋　　　② 足　　　③ 本屋

③ の ***librairie*** が正解です．店の語彙としては，他に boulangerie「パン屋」, pharmacie「薬局」など．

(4) ① 自転車　　　② 手紙　　　③ 木曜日

② の ***lettre*** が正解です．郵便の語彙としては，他に timbre「切手」, poste「郵便局」, carte postale「絵葉書」など．

解答

(1) ②　　(2) ①　　(3) ③　　(4) ②

類題 2

次の (1)〜(4) において，日本語で示した**特徴を持たない語**を，それぞれ ①〜③ のなかから一つずつ選び，解答欄のその番号にマークしてください．

(1) 動　物

　　① chat　　　　② rose　　　　③ chien

(2) 食　器

　　① tasse　　　　② verre　　　　③ manteau

(3) 職　業

　　① ingénieur　　② boulanger　　③ oncle

(4) 季　節

　　① printemps　　② novembre　　③ hiver

解説

(1) ① 猫　　　　② バラ　　　　③ 犬

　② の ***rose*** が正解です．動物の語彙としては，他に cheval「馬」, bœuf「牛」, lion「ライオン」など．

(2) ① カップ　　　② コップ　　　③ コート

　③ の ***manteau*** が正解です．食器の語彙としては，他に cuillère「スプーン」, fourchette「フォーク」, couteau「ナイフ」など．

(3) ① 技師　　　　② パン屋　　　③ 叔父

　③ の ***oncle*** が正解です．職業の語彙としては，他に écrivain「作家」, avocat「弁護士」, médecin「医者」など．

(4) ① 春　　　　　② 11月　　　　③ 冬

　② の ***novembre*** が正解です．季節の語彙としては，他に été「夏」, automne「秋」

解 答

(1) ②　　　(2) ③　　　(3) ③　　　(4) ②

第 2 節　動詞，形容詞，前置詞に関する語彙

例題

次の (1)〜(4) において，日本語で示した**特徴を持っている語**を，それぞれ ①〜③ のなかから一つずつ選び，解答欄のその番号にマークしてください．

(1) 知　覚

　　① courir　　　② entendre　　③ jouer

(2) 色

　　① lourd　　　② pauvre　　　③ rouge

(3) 感　情

　　① nouveau　　② possible　　③ triste

(4) 長　さ

　　① court　　　② gauche　　　③ riche

第 2 節 動詞，形容詞，前置詞に関する語彙　　105

解説

(1) ① 走る　　　② 聞く　　　③ 遊ぶ

② の **entendre** が正解です．知覚を表す語彙としては，他に voir「見える」，regarder「見る」，toucher「触れる」など．

(2) ① 重い　　　② 貧しい　　　③ 赤い

③ の **rouge** が正解です．色を表す語彙としては，他に vert「緑の」，bleu「青い」, jaune「黄色の」, noir「黒い」など．

(3) ① 新しい　　　② 可能な　　　③ 悲しい

③ の **triste** が正解です．感情を表す語彙としては，他に heureux「幸せな」，content「満足な」, mécontent「不満な」など．

(4) ① 短い　　　② 左の　　　③ 金持ちの

① の **court** が正解です．長さを表す語彙としては，他に long「長い」．

解答

(1) ②　　(2) ③　　(3) ③　　(4) ①

類題 1

次の (1)〜(4) において，日本語で示した**特徴を持っている語**を，それぞれ ①〜③ のなかから一つずつ選び，解答欄のその番号にマークしてください．

(1) 運　動

　　① lire　　　　② courir　　③ écouter

(2) 大きさ

　　① petit　　　② jaune　　　③ mauvais

(3) 食　事

　　① parler　　 ② déjeuner　 ③ chercher

(4) 性　格

　　① gros　　　 ② grand　　　③ gentil

解説

(1) ① 読む　　　　② 走る　　　　③ 聞く

　②の ***courir*** が正解です．運動を表す語彙としては，他に marcher「歩く」，nager「泳ぐ」など．

(2) ① 小さい　　　② 黄色い　　　③ 悪い

　①の ***petit*** が正解です．大きさを表す語彙としては，他に grand「大きい」，large「幅の広い」など．

(3) ① 話す　　　　② 昼食をとる　③ 探す

　②の ***déjeuner*** が正解です．食事に関する語彙としては，他に manger「食べる」，boire「飲む」など．

(4) ① 太っている　② 大きい　　　③ 親切な

　③の ***gentil*** が正解です．性格を表す語彙としては，他に méchant「意地悪な」，jaloux「嫉妬深い」など．

解答

(1) ②　　(2) ①　　(3) ②　　(4) ③

類題 2

次の (1)〜(4) において，日本語で示した**特徴を持たない語**を，それぞれ ①〜③ のなかから一つずつ選び，解答欄のその番号にマークしてください．

(1) 口を使う

　　① parler　　② marcher　　③ chanter

(2) 体　格

　　① gros　　② grand　　③ méchant

(3) 手を使う

　　① courir　　② écrire　　③ laver

(4) 空　間

　　① pendant　　② entre　　③ devant

第 2 節　動詞，形容詞，前置詞に関する語彙　109

解説

(1) ① 話す　　② 歩く　　③ 歌う

②の ***marcher*** が正解です．口を使う語彙としては，他に manger「食べる」，embrasser「キスをする」，dire「言う」など．

(2) ① 太っている　　② 背が高い　　③ 意地悪な

③の ***méchant*** が正解です．体格を表す語彙としては，他に mince「ほっそりした」，petit「背の低い」など．

(3) ① 走る　　② 書く　　③ 洗う

①の ***courir*** が正解です．手を使う語彙としては，他に toucher「触れる」，mettre「着る」など．

(4) ① の間　　② の間に　　③ の前に

①の ***pendant*** が正解です．pendant は時に関して「の間」．pendant trois heures「3 時間」．それに対して entre は時と空間に関して「の間に」．entre Paris et Lyon「パリとリヨンの間」

解答

(1) ②　　(2) ③　　(3) ①　　(4) ①

動詞，形容詞，前置詞などの語彙

■動詞 — 移動
- ☐ aller　　　行く
- ☐ venir　　　来る
- ☐ partir　　　出発する
- ☐ rentrer　　帰る
- ☐ entrer　　　入る
- ☐ sortir　　　出る
- ☐ monter　　登る
- ☐ descendre　降りる
- ☐ arriver　　　到着する
- ☐ revenir　　もどる

■動詞 — 知覚
- ☐ écouter　　聞く
- ☐ entendre　聞こえる
- ☐ regarder　　見る
- ☐ voir　　　　見える
- ☐ toucher　　触れる
- ☐ goûter　　　味わう

■動詞 — 感情
- ☐ aimer　　　愛する
- ☐ détester　　嫌う
- ☐ douter　　　疑う
- ☐ espérer　　期待する
- ☐ regretter　　後悔する
- ☐ vouloir　　　望む

■形容詞 — 性格
- ☐ gentil　　　親切な
- ☐ méchant　　意地悪な
- ☐ jaloux　　　嫉妬深い
- ☐ actif　　　　積極的な

■形容詞 — 外見
- ☐ grand　　　背が高い
- ☐ petit　　　　小さい
- ☐ beau　　　　美しい
- ☐ joli　　　　　かわいい
- ☐ jeune　　　若い
- ☐ vieux　　　老いた

■前置詞 — 空間
- ☐ sur　　　　　の上に
- ☐ sous　　　　の下に
- ☐ devant　　　の前に
- ☐ derrière　　の後に
- ☐ dans　　　　の中に
- ☐ entre　　　　の間に

■副詞 — 時
- ☐ toujours　　いつも
- ☐ souvent　　しばしば
- ☐ tôt　　　　　早く
- ☐ tard　　　　遅く

第6章
内容表現に関する問題

　絵を見て，その絵の内容を表現する文を選択させる問題です．文は2つあって，構文の上でも意味の上でも対になっている場合が多いようです．

　文の内容は，大きく分けて，一つは挨拶や人の体格，行為など，人に関する問題，もう一つは天候や時間，位置関係といった物や事象に関する問題です．対になりやすい基本的な表現を覚えておくことが，このタイプの問題の対策となるでしょう．

　文法的には非人称構文や比較構文がよく出されます．また男性形か女性形か，単数形か複数形かといった，性・数の表示にも注意を払う必要があるでしょう．

　　　第1節　　人に関する表現
　　　　　■表現の整理　1
　　　第2節　　物や事象に関する表現
　　　　　■表現の整理　2
　　第6章　実力問題

第1節　人に関する問題

例題

次の (1)〜(4) の絵に対応する文を，それぞれ ①, ② から選び，解答欄のその番号にマークしてください．

(1)
① Il descend.
② Il monte.

(2)
① Il est moins grand que son père.
② Il est plus grand que son père.

(3)
① Elle boit du lait.
② Elle mange du pain.

(4)
① C'est un jeune homme.
② C'est un vieux monsieur.

解説

(1) ①「彼は降りる.」　　　　②「彼は乗る.」

このように対照的な人の行為についての問題がよく出題されます. 正解は ① です.

(2) ①「彼は父より小さい.」　　②「彼は父より大きい.」

正解は ① です. 比較構文です. 形容詞と副詞の比較構文をみてみましょう.

優等比較	**plus**			
同等比較	**aussi**	＋ 形容詞・副詞 ＋	**que**	
劣等比較	**moins**			

— Il est **plus** grand **que** son frère.　彼は兄 (弟) より大きい.
— Elle est **aussi** belle **que** sa mère.　彼女は母親と同じくらい美しい.
— Il est **moins** jeune **que** mon frère.　彼は私の兄 (弟) より若くはない.

(3) ①「彼女は牛乳を飲んでいる.」　②「彼女はパンを食べている.」

manger「食べる」/ boire「飲む」, lire「読む」/ écrire「書く」などの対になる表現がよく出題されます. 正解は ② です.

(4) ①「それは青年です.」　　　　②「それは年寄りです.」

人についての形容詞, jeune「若い」/ vieux「年取った」などの対も覚えるといいでしょう. 正解は ② です.

解 答

(1) ①　　(2) ①　　(3) ②　　(4) ②

表現の整理 2

対になる，あるいは選択肢ができそうな，人に関する表現を挙げておきましょう．

■《avoir＋無冠詞名詞》

☐ J'ai faim. / J'ai soif.　　　　　　腹が減った / 喉が渇いた

☐ J'ai chaud. / J'ai froid.　　　　　暑い / 寒い

■人に関する形容詞

☐ Il est gros. / Il est mince.　　　　太っている / やせている

☐ Il est riche. / Il est pauvre.　　　金持ちの / 貧乏な

☐ Il est jeune. / Il est vieux.　　　 若い / 年取った

☐ Il est heureux. / Il est malheureux.　幸せな / 不幸な

☐ Il est debout. / Il est assis.　　　立っている / 座っている

■人の行為に関する動詞

☐ Il sort. / Il entre.　　　　　　　　出る / 入る

☐ Il part. / Il arrive.　　　　　　　 出発する / 到着する

☐ Il mange. / Il boit.　　　　　　　 食べる / 飲む

☐ Il marche. / Il court.　　　　　　 歩く / 走る

☐ Il lit. / Il écrit.　　　　　　　　 読む / 書く

■挨　拶

☐ Merci! / Pardon!　　　　　　　　　ありがとう / すみません

☐ Bonjour! / Au revoir!　　　　　　　こんにちわ / さようなら

第1節 人に関する問題　115

🎧7 ■人の外見

☐ Il a les cheveux courts.　　　　　彼は髪が短い.
　　　　　　　　　longs.　　　　　　　　長い.
☐ Elle porte une robe.　　　　　　　彼女はワンピースを着ている.
　　　　　une jupe.　　　　　　　　　スカートをはいている.
　　　　　un chemisier.　　　　　　　ブラウスを着ている.
　　　　　un manteau.　　　　　　　　コートを着ている.
　　　　　un chapeau.　　　　　　　　帽子をかぶっている.
　　　　　des gants.　　　　　　　　　手袋をはめている.

🎧8 ■《avoir mal à＋身体の部位》

☐ Il a mal à la tête.　　　　　　　　彼は頭が痛い.
　　　　　aux yeux.　　　　　　　　　目
　　　　　à l'épaule.　　　　　　　　肩
　　　　　au ventre.　　　　　　　　 腹
　　　　　aux jambes.　　　　　　　　脚

🎧9 ■職　業

☐ Il est professeur.　　　　　　　　彼は先生です.
　　　　étudiant.　　　　　　　　　　学生
　　　　écrivain.　　　　　　　　　　作家
　　　　chanteur.　　　　　　　　　　歌手
　　　　acteur.　　　　　　　　　　　俳優
　　　　avocat.　　　　　　　　　　　弁護士
　　　　journaliste.　　　　　　　　　新聞記者

116　第6章　内容表現に関する問題

類題

次の (1)〜(4) の絵に対応する文を，それぞれ ①, ② から選び，解答欄のその番号にマークしてください．

(1)
① Il porte une veste.
② Il porte une chemise.

(2)
① Elle lit un livre.
② Elle écrit une lettre.

(3)
① Il n'est pas riche.
② Il a beaucoup d'argent.

(4)
① Pierre est plus gros que Paul.
② Pierre est moins gros que Paul.

解 説

(1) ① 「彼はジャケットを着ている．」
　　② 「彼はワイシャツを着ている．」

　une veste は「ジャケット」，une chemise は「ワイシャツ」です．ちなみに女性が着る「ブラウス」は un chemisier といいます．正解は ① です．

(2) ① 「彼女は本を読んでいる．」
　　② 「彼女は手紙を書いている．」

　lire un livre「本を読む」，écrire une lettre「手紙を書く」の対立です．正解は ① です．

(3) ① 「彼は金持ちではない．」
　　② 「彼はお金をたくさんもっている．」

　riche「金持ち」と avoir beaucoup d'argent「お金をたくさんもっている」は同じような意味ですが，① では riche が否定されていますから正解は ② です．

(4) ① 「ピエールはポールより太っている．」
　　② 「ピエールはポールより痩せている．」

　plus ~ que「より多く~」と moins ~ que「より少なく~」の対立で意味が逆になります．正解は ① です．

解 答

(1) ①　　(2) ①　　(3) ②　　(4) ①

第2節　物や事象に関する表現

例題

次の (1)〜(4) の絵に対応する文を，それぞれ ①, ② から選び，解答欄のその番号にマークしてください．

(1)
① Il n'y a pas de fleurs sur la table.
② Il y a des fleurs sur la table.

(2)
① La fenêtre est fermée.
② La fenêtre est ouverte.

(3)
① Il fait chaud, aujourd'hui.
② Il fait froid, aujourd'hui.

(4)
① Le journal est sous la table.
② Le journal est sur la table.

解説

(1) ① 「テーブルの上に花はありません.」

　　② 「テーブルの上に花があります.」

　　正解は ② です．il y a ～の否定文は il n'y a pas ～ですが，その後の名詞につく不定冠詞や部分冠詞は de になるという規則があります．**他動詞の否定文でも直接目的語の前の不定冠詞，部分冠詞は de に変わります．**

　　Il a des livres. → Il n'a pas **de** livres.

(2) ① 「窓は閉まっています.」

　　② 「窓は開いています.」

　　fermé(e)「閉まっている」と ouvert(e)「開いている」の対立です．正解は ② です．

(3) ① 「今日は暑い.」

　　② 「今日は寒い.」

　　Il fait ～ は天候を表す非人称構文です (→p.51)．正解は ① です．

(4) ① 「新聞はテーブルの下にあります.」

　　② 「新聞はテーブルの上にあります.」

　　　前置詞 sous「の下に」と sur「の上に」の対立です．正解は ① です．

解答

(1) ②　　(2) ②　　(3) ①　　(4) ①

表現の整理 3

🔟 ■天候の表現

- ☐ Il fait beau (mauvais, doux, froid, chaud, frais).
  天気がいい（悪い，穏やか，寒い，暑い，涼しい）．
- ☐ Il fait du vent. 　　　　　　　　　風がある．
- ☐ Il pleut. 　　　　　　　　　　　　雨が降っている．
- ☐ Il neige. 　　　　　　　　　　　　雪が降っている．
- ☐ Le temps est nuageux (orageux). 　曇っている（荒れ模様である）．

⓫ ■時刻の表現

- ☐ Il est deux heures. 　　　　　　　　2時です．
- ☐ Il est deux heures et quart. 　　　　2時15分です．
- ☐ Il est deux heures et demie. 　　　　2時半です．
- ☐ Il est trois heures moins le quart. 　3時15分前です．
- ☐ Il est midi (minuit). 　　　　　　　正午（零時）です．

⓬ ■位置の表現

- ☐ à gauche / à droite 　　　　　　　左に / 右に
- ☐ devant / derrière (la maison) 　　　（家）の前に / の後に
- ☐ en face de (l'hôtel) 　　　　　　　（ホテル）の正面に
- ☐ en haut de / en bas de (l'arbre) 　（木）の上の方に / の下の方に
- ☐ loin de / près de (la gare) 　　　　（駅）から遠くに / の近くに
- ☐ sur / sous (la table) 　　　　　　　（テーブル）の上に / の下に
- ☐ tout droit 　　　　　　　　　　　まっすぐ

🎧⓭ ■形容詞（括弧の中は女性形）
　　☐ bon(ne) / mauvais(e)　　　　　　良い / 悪い
　　☐ ch*er*(ère) / pas ch*er*(ère)　　　値段が高い / 安い
　　☐ grand(e) / petit(e)　　　　　　　大きい / 小さい
　　☐ haut(e) / bas(se)　　　　　　　　高い / 低い
　　☐ long(ue) / court(e)　　　　　　　長い / 短い
　　☐ lourd(e) / lég*er*(ère)　　　　　重い / 軽い
　　☐ neu*f*(ve) / vieux (vieille)　　　新しい / 古い

🎧⓮ ■副　詞
　　☐ bien / mal　　　　　　　　　　　良く / 悪く
　　☐ tôt / tard　　　　　　　　　　　早く / 遅く
　　☐ vite / lentement　　　　　　　　速く / ゆっくりと

類題

次の (1)〜(4) の絵に対応する文を，それぞれ ①, ② から選び，解答欄のその番号にマークしてください．

(1)
① À Tokyo, il neige.
② À Tokyo, il pleut.

(2)
① Il est cinq heures moins le quart.
② Il est cinq heures et quart.

(3)
① Il rentre tard.
② Il rentre tôt.

(4)
① Le manteau est plus cher que le pantalon.
② Le manteau est moins cher que le pantalon.

解説

(1) ① 「東京は雪が降っている.」

② 「東京は雨が降っている.」

天候の表現です. 非人称の il を使い, Il neige.「雪が降っている.」/ Il pleut.「雨が降っている.」を対立させています. 正解は ② です.

(2) ① 「5 時 15 分前です.」

② 「5 時 15 分です.」

「15 分前」は moins le quart, 「15 分過ぎ」は et quart. 冠詞の有無が異なりますから注意してください. 正解は ① です. 時刻の言い方は p. 120 を参照.

(3) ① 「彼は遅く帰る.」

② 「彼は早く帰る.」

tard は「遅く」, tôt は「早く」. 正解は ② です.

(4) ① 「コートはズボンより高い.」

② 「コートはズボンより安い.」

優等比較 plus ~ que「より多く~」と劣等比較 moins ~ que「より少なく~」で意味が逆になります. 正解は ① です.

解答

(1) ②　　(2) ①　　(3) ②　　(4) ①

第6章　実力問題

次の (1)〜(4) の絵に対応する文を，それぞれ ①, ② から選び，解答欄のその番号にマークしてください．

(1)
① J'ai froid.
② J'ai chaud.

(2)
① Il va pleuvoir.
② Il pleut.

(3)
① Sylvie est dans la voiture.
② Sylvie est devant la voiture.

(4)
① Il fait très beau.
② Il est très beau.

解説

(1) ① 「私は寒い.」

② 「私は暑い.」

avoir froid「寒い」, avoir chaud「暑い」は「人が寒い(暑い)と感じる」であって，Il fait froid (chaud). は「天候が寒い(暑い).」の意味です．正解は ② です．

(2) ① 「雨が降りそうです.」

② 「雨が降っています.」

① は Il va pleuvoir. つまり近接未来ですからまだ雨が降っていないのに対し，② は Il pleut. で現在形ですから雨は今降っているのです．正解は ② です．

(3) ① 「シルヴィは車の中にいます.」

② 「シルヴィは車の前にいます.」

dans「～の中に」, devant「～の前に」の対立です．正解は ① です．

(4) ① 「とてもいい天気です.」

② 「彼はとてもハンサムです.」

① の il は非人称の il で天候を表し，② の il は人称代名詞で「彼」を指します．正解は ② です．

解答

(1) ②　　(2) ②　　(3) ①　　(4) ②

第7章
会　話　文

　簡単な日常会話の文章をもとにして，表現の欠けている部分に穴埋めをさせる問題が出されます．これまで学習した表現や文法が総合的にでてくる，いわば応用問題の性格をもっています．選択問題ですから，単語を書くことは要求されませんが，綴り字の正確な知識は必要です．

　選択肢は主語，動詞，前置詞，疑問詞などの語群から構成されています．会話文の内容はさまざまですが，

- 旅行について話す
- ホテルを予約する
- (電話で)予定を尋ねる
- 場所を尋ねる
- 自己紹介をする
- 友人をさそう
- 大学や仕事の話をする

などのシチュエーションがこれまでに出題されています．

　会話をする二人が，tu で話す親しい間柄なのか，vous で話すそれほど親しくない間柄なのかを考えることが問題を解くヒントになる場合があります．フランス語では親しさのレベルによって会話の表現が変わるからです．そのことに留意しながら問題を考えてみてください．

　例題 1, 2
　　■表現の整理　4
　　類題 1, 2

例題 1

次の列車内の会話を読み，(1)〜(4) に入れるのに最も適切なものを，それぞれ ①〜③ のなかから一つずつ選び，解答欄にその番号をマークしてください．

Julie　　：　Maman, j'ai faim.

La mère：　Attends un peu. On va déjeuner à Paris.

Julie　　：　On arrive (1), à Paris?

La mère：　Vers une heure.

Julie　　：　Mais c'est (2) long !

La mère：　Alors, va acheter quelque chose à manger (3) cet argent.

Julie　　：　Et toi, maman, tu (4) quelque chose?

La mère：　Non.　Tu es gentille.

(1)　① comment　　② où　　③ quand

(2)　① encore　　② peu　　③ seulement

(3)　① avec　　② sans　　③ sur

(4)　① aimes　　② portes　　③ veux

> **解説**

(1) は疑問詞を選択する問題です．次の母親の答えが vers une heure「1 時頃」ですから，時間を聞いていることがわかり，答えは ③ の ***quand*** になります．

(2) は副詞を選ぶ問題．文脈から言ってここは「まだ時間が長くかかる」の意味ですから，「まだ」を意味する ① の ***encore*** が正解．peu は否定表現になり peu long で「長くない」の意味です．その前の mais はここでは「しかし」の意味ではなく，驚きやいらだちを表わす副詞です．

(3) 前置詞の選択問題．「このお金で」の意味が適当ですから ① の ***avec*** が正解．sans は逆に「〜なしで」の意味です．

(4) は動詞の選択．文脈から考えて「何か欲しい？」の意味でしょうから vouloir「〜が欲しい」の活用で ③ の ***veux*** が正解です．

　　会話文の訳は p. 132 を参照．

> **解答**
>
> (1) ③　　(2) ①　　(3) ①　　(4) ③

第7章 会話文

例題 2

次の会話を読み，(1)〜(4) に入れるのに最も適切なものを，それぞれ ①〜③ のなかから一つずつ選び，解答欄にその番号をマークしてください．

Pierre : Pardon, madame. Je (1) la gare.

La dame : La gare? Alors, vous prenez la première rue (2) gauche et continuez.

Pierre : Ce n'est pas loin?

La dame : Si, assez loin. (3) faut vingt minutes à pied. Vous pouvez prendre le bus.

Pierre : (4) est-ce qu'on prend le bus?

La dame : Là-bas. Ah, il arrive, le bus!

Pierre : Merci, madame!

(1) ① cherche ② trouve ③ vois

(2) ① à ② devant ③ sous

(3) ① Il ② Je ③ Vous

(4) ① Combien ② Où ③ Pourquoi

解説

(1) は動詞の選択問題．① は chercher「探す」② は trouver「見つける」③ は voir「見える」の意味を持つ動詞．次の台詞の「駅ですか？」に相応しいのは ① の ***cherche***「探す」です．

(2) は前置詞を選びます．「通りを左に曲がる」の「～に」を表す前置詞は ① の ***à*** です．devant は「～の前に」，sous は「～の下に」ですから相応しくありません．

(3) 主語の選択ですが，faut は falloir という非人称動詞でこの主語は ① の ***Il*** しかありません．Il faut の後に動詞がくると「～しなければならない」，名詞がくると「～が必要だ」の意味になります．

(4) は疑問詞の問題です．Combien? は「どれだけ？」，Où? は「どこ？」，Pourquoi? は「何故？」と問いますが，次の台詞が Là-bas「あそこです」と場所を答えていますから，② の ***Où*** が正解です．

　　会話文の訳は p. 132 を参照．

解 答

(1) ①　　(2) ①　　(3) ①　　(4) ②

会話文の訳

例題1 (p. 128)

ジュリー：ママ，お腹がすいたわ．
ママ　　：もう少し待ちなさい．パリでお昼にするから．
ジュリー：パリにはいつ着くの？
ママ　　：1時頃よ．
ジュリー：ええっ，まだそんなにかかるの！
ママ　　：じゃあ，このお金で何か買っていらっしゃい．
ジュリー：ママは何か欲しい？
ママ　　：いらないわ．ありがとう．

例題2 (p. 130)

ピエール：すみません，駅を探しているんですが．
婦人　　：駅ですか？ 最初の通りを左に曲がってまっすぐ行けばいいですよ．
ピエール：遠くありませんか？
婦人　　：いいえ，かなり遠いです．歩いて20分はかかります．バスに乗ればいいですよ．
ピエール：どこでバスに乗ったらいいですか？
婦人　　：ほらあそこ．あっ，ちょうどバスが来ましたよ．
ピエール：ありがとうございます．

表現の整理 4

ここでは日常よく使われる，挨拶，自己紹介，お礼，謝罪などの表現をまとめてみましょう．

■挨拶の表現

☐ Bonjour!	こんにちわ！
☐ Bonsoir!	こんばんわ！ （夜の別れの挨拶にもなります）
☐ Salut!	（親しい人同士で）やあ！ バイバイ！
☐ Au revoir!	さようなら！
☐ À demain!	またあした！
☐ À bientôt!	また近いうちに！

🎧16 ■容態を尋ねる表現

- ☐ Comment allez-vous ?　　　　　ごきげんいかがですか？
- ☐ Très bien, merci.　　　　　　　元気です，ありがとう．
- ☐ Vous allez bien ?　　　　　　　お元気ですか？
- ☐ Comment ça va ?　　　　　　　元気かい？
- ☐ Ça va bien ?　　　　　　　　　元気かい？

🎧17 ■紹介の表現

- ☐ Comment vous appelez-vous ?　お名前は？
- ☐ Je m'appelle Jean-François.　　ジャン＝フランソワと言います．
- ☐ Quel est votre nom ?　　　　　お名前は？
- ☐ Moi, c'est Sylvie.　　　　　　　シルヴィといいます．
- ☐ Enchanté(e).　　　　　　　　　はじめまして．

🎧18 ■お礼・お詫びの表現

- ☐ Je vous remercie beaucoup.　　あなたにとても感謝しています．
- ☐ Je vous en prie.　　　　　　　どういたしまして．
- ☐ Merci bien.　　　　　　　　　ありがとう．
- ☐ Ce n'est rien.　　　　　　　　何でもありません．
- ☐ De rien.　　　　　　　　　　どういたしまして．
- ☐ Excusez-moi.　　　　　　　　すみません．
- ☐ Je suis désolé(e).　　　　　　申し訳ありません．
- ☐ Pardon.　　　　　　　　　　　すみません．

🎧19 ■祈願の表現

- ☐ Bon appétit !　　　　　　　　めしあがれ！
- ☐ Bon voyage !　　　　　　　　よい御旅行を！
- ☐ Bonne année !　　　　　　　新年おめでとう！
- ☐ Bon courage !　　　　　　　がんばって！
- ☐ Bon anniversaire !　　　　　誕生日おめでとう！
- ☐ À votre santé !　　　　　　　乾杯！

類題 1

次の会話を読み，(1)〜(4) に入れるのに最も適切なものを，それぞれ ①〜③ のなかから一つずつ選び，解答欄にその番号をマークしてください．

Sylvie ： Bonjour, monsieur.

Le marchand ： Bonjour, mademoiselle. (1) désirez-vous ?

Sylvie ： Un kilo (2) tomates et cinq oranges, s'il vous plaît.

Le marchand ： C'est tout ?

Sylvie ： Les cerises, elles (3) combien ?

Le marchand ： 5 euros le kilo. Elles ne sont pas chères du tout.

Sylvie ： Bon, je (4) les cerises aussi.

(1) ① Qu'est-ce que ② Qui ③ Que
(2) ① de ② du ③ des
(3) ① pèsent ② coûtent ③ ont
(4) ① fais ② prends ③ mange

解説

(1) お店の人がお客さんを見て最初に述べている言葉ですから、「何をお望みですか?」と尋ねていると推測できます。欠けているのは「何を」の部分です。désirez-vous? と、主語と動詞が倒置されていることに注意しましょう (→ p. 81)。③ の **Que** が正解になります。

(2) 数量を表す表現で、*un* kilo de 〜「1キロの〜」という言い方に注意してください。beaucoup de 〜「たくさんの〜」、un peu de 〜「少しの〜」、un litre de 〜「1リットルの〜」などの表現があります。de の後には無冠詞名詞がきます。正解は ① の **de** です。

(3) この後で 5 euros le kilo.「1キロ5ユーロです。」と値段を言っているのがヒントになります。② の Elles (**coûtent**) combien? が値段の尋ね方です。① の pèsent は重さを尋ねる言い方で、③ の ont は avoir の活用ですから意味をなしません。

(4) ① は faire「する」の活用で意味をなしません。③ の mange を入れると Je mange les cerises aussi.「私はそのサクランボも食べます。」で意味は通りますが、ここでは買い物をしていることを考えれば ② の **prends** (prendre) が正解になることがわかります。prendre はここでは「買う」という意味で用いられています。

会話文の訳は p. 138 を参照.

解答

(1) ③   (2) ①   (3) ②   (4) ②

第7章 会話文

類題 2

次の会話を読み，(1)〜(4) に入れるのに最も適切なものを，それぞれ ①〜③ のなかから一つずつ選び，解答欄にその番号をマークしてください．

M. Suzuki: Bonjour, madame. Avez-vous une chambre ?

Madame : Oui, monsieur. (1) chambre voulez-vous ?

M. Suzuki: Une chambre à un lit avec salle de bain, s'il vous plaît.

Madame : Voyons… Ah, je suis (2). Nous n'avons qu'une chambre avec douche, monsieur.

M. Suzuki: (3). Je prends cette chambre.

Madame : Pour combien de nuits, monsieur ?

M. Suzuki: Pour trois nuits.

Madame : Bien, monsieur. Voici la clef. La chambre est (4) deuxième étage.

(1) ① Quelle　　② Combien de　③ La
(2) ① contente　② désolée　　　③ mauvaise
(3) ① Non merci　② Je vais bien　③ D'accord
(4) ① dans　　　② le　　　　　③ au

> **解説**

(1) すぐ後で Une chambre à un lit avec salle de bain, s'il vous plaît.「浴室つきのシングルの部屋をお願いします.」と鈴木さんが言っていますから, フロントは部屋の種類を尋ねているわけです. ① の ***quelle***「どんな」を用います. Combien de なら chambre が複数形になりますから ② は間違いです.

(2) 鈴木さんが浴室付きの部屋を頼んだのに,「シャワー付き」avec douche の部屋しかないというのですから, フロントはお詫びを言っていることになります. ② の je suis (***désolée***). がお詫びの表現です.

(3) 鈴木さんは Je prends cette chambre.「その部屋でいいです.」と同意したわけですから,「オーケー」「結構です」という言い方の ③ ***D'accord***を使うことになります. Non merci は逆に断るときの言い方です. Je vais bien. は「元気です.」という言い方で, ここではふさわしくありません.

(4) 「何階にある」という言い方です. 前置詞の à を使いますが, à le が縮約して ③ の ***au*** になり, ***au*** deuxième étage になります (→p. 21). なお, フランスでは「1階」は le rez-de-chaussée といい, 2階は le premier étage と, 数え方が一つずつずれることになります.

　　会話文の訳は p. 138 を参照.

> **解 答**
> (1) ①　　(2) ②　　(3) ③　　(4) ③

会話文の訳

類題 1（p. 134）

シルヴィ：こんにちわ．
店の人　：こんにちわ．何をお望みですか？
シルヴィ：トマトを1キロとオレンジを5つください．
店の人　：それだけですか？
シルヴィ：このサクランボはいくらですか？
店の人　：キロ5ユーロです．とても安いですよ．
シルヴィ：じゃあ，サクランボもください．

類題 2（p. 136）

鈴木　　：こんにちわ．部屋ありますか？
フロント：はい．どんなお部屋をご希望ですか？
鈴木　　：シングルで風呂付きの部屋をお願いします．
フロント：ええーと，申し訳ありません．シャワー付きの部屋しかないんですが．
鈴木　　：結構です．その部屋をお願いします．
フロント：何泊のご予定ですか？
鈴木　　：3泊です．
フロント：はい，ではこれが鍵です．部屋は3階にあります．

第 8 章
聞 き 取 り

　書かれたものなら簡単にわかる単純な文でも，聞き取ろうとすると案外難しいものです．フランス語は意味的・文法的にまとまりのある単語グループのなかでは，個々の単語の間で切らないで一気に発音します．個々の単語を聞き取ろうとするよりは，この単語グループ（後で説明するように，これをリズム・グループといいます）を聞き取ろうとすることの方が重要です．

　さて，試験では聞き取りは**約 15 分間，4 つの問題**がでます．
1　質問文に対する応答文を見つける問題
2　数字を答える問題
3, 4　読み上げられる文にふさわしい絵を見つける問題

　1 と 3, 4 の解答は選択式で，実際にフランス語を書く問題は出題されません．いずれも，会話で使われる極めて基本的な表現さえ聞き取れれば答えることのできる問題です．

　　　第 1 節　　応答文
　　　　　　　　■文法—リエゾンとアンシェーヌマン，リズム・グループ，アクセント，イントネーション，音節と綴り字 e の読み方
　　　第 2 節　　数　字
　　　　　　　　■文法—数字の読み方
　　　第 3 節　　文にふさわしい絵を見つける

第1節 応答文

例題 1

・フランス語の文 (1)〜(5) をそれぞれ 3 回ずつ聞いてください.
・(1)〜(5) の文に対する応答として適切なものを，それぞれ ①, ② から選び，解答欄のその番号にマークしてください.
（メモは自由にとってかまいません）

(1) ① À tout à l'heure.
    ② C'est à gauche.

(2) ① C'est notre chambre.
    ② C'est notre professeur.

(3) ① Demain.
    ② Du Japon.

(4) ① Oui, à midi?
    ② Partout.

(5) ① Oui, c'est vrai.
    ② Oui, j'ai chaud.

解答番号	解答欄
(1)	① ②
(2)	① ②
(3)	① ②
(4)	① ②
(5)	① ②

問題文と解説

(1) **Où est la salle à manger ?** 「食堂はどこにありますか？」
   ① 「また後で．」　　　　② 「左です．」
   Où?「どこ？」と場所を尋ねていますから，② の「左です．」が正解です．

(2) **Qui est ce monsieur ?** 「その男性はどなたですか？」
   ① 「私たちの部屋です．」　　　　② 「私たちの先生です．」
   Qui?「誰？」と人について尋ねていますから，② の「私たちの先生」が正解です．

(3) **Quand est-ce que vous revenez ?** 「あなたはいつ戻りますか？」
   ① 「明日です．」　　　　② 「日本からです．」
   Quand?「いつ？」と時について尋ねていますから，① の「明日です．」が正解です．

(4) **Tu peux passer chez moi, aujourd'hui ?** 「今日私の家に寄れる？」
   ① 「ええ，お昼でどう？」　　　　② 「どこにでも．」
   Tu peux…?「〜できる？」と尋ねているわけですから，oui, non で始まる答えが要求されます．① の Oui… が適当です．

(5) **Il fait un peu froid, n'est-ce pas ?** 「少し寒いでしょう？」
   ① 「ええ，確かに．」　　　　② 「ええ，暑いです．」
   n'est-ce pas? は「〜でしょう？」と相手に念を押すときの言い方です．「寒いでしょう？」と念を押しているわけですから，② の「ええ，暑いです．」では意味が通りません．正解は ① です．

解答

(1) ②　　(2) ②　　(3) ①　　(4) ①　　(5) ①

例題 2

・フランス語の文 (1)〜(5) をそれぞれ 3 回ずつ聞いてください．
・(1)〜(5) の文に対する応答として適切なものを，それぞれ ①，② から選び，解答欄のその番号にマークしてください．
（メモは自由にとってかまいません）

(1) ① À demain.
　　② Elle est à moi.

(2) ① C'est la première fois, monsieur.
　　② La deuxième rue à droite, monsieur.

(3) ① Non, il est maintenant à Marseille.
　　② Oui, il est déjà à Marseille.

(4) ① Non, merci.
　　② Non, tout de suite.

(5) ① Oui, bien sûr.
　　② Si, j'aime beaucoup.

解答番号	解答欄
(1)	① ②
(2)	① ②
(3)	① ②
(4)	① ②
(5)	① ②

問題文と解説

(1) **À qui est cette voiture ?** 「その車は誰のものですか？」
　　① 「また明日.」　　　　② 「それは私のです.」
　être à 〜 は「〜のもの」という所有を表す言い方です．À qui?「誰の？」と尋ねていますから「私のです」と答える ② が正解です．

(2) **Monsieur, la gare, s'il vous plaît.** 「すみません，駅はどちらですか？」
　　① 「初めてです.」　　　　② 「2番目の通りを右にいったところです.」
　s'il vous plaît. は依頼の表現で，ここでは la gare「駅」の場所を尋ねています．② が場所を表す表現ですからこれが正解です．

(3) **Il est encore à Paris ?** 「彼はまだパリにいますか？」
　　① 「いいえ，彼は今マルセイユにいます.」
　　② 「はい，彼はもうマルセイユにいます.」
　「パリにいるか？」と聞かれて「マルセイユにいる」と言いたいのなら，当然 non と答えますから ① が正解になります．

(4) **Vous voulez du vin ?** 「ワインはいかがですか？」
　　① 「いいえ，けっこうです.」　　② 「いいえ，今すぐに.」
　ワインを勧められているわけですから，欲しくなければ ① のように non と答え，勧められたことに対して merci とお礼を言います．① が正解．

(5) **Vous aimez la cuisine française ?**
　「あなたはフランス料理が好きですか？」
　　① 「ええ，もちろん.」　　　　② 「いいえ，とても好きです.」
　② の si は否定疑問文で聞かれた場合の肯定の答えです，ここでは否定疑問文ではないので，① の ***Oui, bien sûr.*** 「ええ，もちろん.」が正解になります．

解答

(1) ②　　(2) ②　　(3) ①　　(4) ①　　(5) ①

文法

フランス語を発音したり聞き取ったりする上で，注意すべき点をいくつか挙げておきましょう．

❖ リエゾンとアンシェーヌマン

フランス語は母音が連続することを避けます．リエゾン，アンシェーヌマンは母音の連続を消して発音をなめらかにするための手段です．

🎧24 ★リエゾンは，語末の発音されない子音字と次の語の母音を連結して発音することをいいます．

  Ils‿ont petit‿ami un‿enfant grand‿arbre
  イル・ゾン プティ・タミ アン・ナンファン グラン・タルブル

s は [z ズ], d は [t トゥ] の音でリエゾンします．

リエゾンは緊密な関係をもつ語の間で行われますが，次のような場合はリエゾンしません．

  1) 名詞主語＋動詞 ： Jacques est
  2) 有音の h の前 ： le héros
  3) 接続詞 et の後 ： Jean et André
  4) 単数名詞＋形容詞： étudiant intelligent

🎧25 ★アンシェーヌマンは語末の発音される子音と次の語の母音を連結して発音することをいいます．

  Il⌢a une⌢amie avec⌢elle
  イ・ラ ユ・ナミ アヴェ・ケル

リエゾンもアンシェーヌマンもフランス語らしい発音をするためには欠かせないものです．また，聞き取りをする上でもこの規則を知っておくことは大切です．

リズム・グループ

　意味上，あるいは文法的にまとまりのある単語のグループをリズム・グループといいます．一つのリズム・グループ内では個々の単語の間で切らないで一気に発音します．またリズム・グループの終わりでは，文末を除き，上昇調のイントネーションで発音します．

$$\text{Pierre / va partir / pour le Japon / demain matin.}$$
　　　ピエールは・明日の朝・日本に・出発します．

　このリズム・グループを意識することは，発音する上でも，聞き取る上でも極めて大切なことです．

アクセント

　フランス語のアクセントは，個々の単語を取り出して発音するときは常に最後の音節にあり，そこを他の音節より少し強く長めに発音します．英語のように極端な高低のアクセントはありません．

　　confor*table*　　　fran*ç*a*ise*　　　chan*teuse*
　　コンフォルタブル　　　フランセーズ　　　シャントゥーズ
　　　　　▲　　　　　　　　　▲　　　　　　　　▲

　しかし文中では，リズム・グループの最後の単語にのみアクセントがおかれ，他の単語のアクセントは弱くなってしまいます．

イントネーション

- 平叙文はリズム・グループの終わりを上昇調で発音し、**文末で下げます**.

    Françoise ↗ / va danser ↗ / avec son ami ↗ / chez son cousin ↘.
    フランソワーズは友達と従兄弟の家でダンスをするつもりです．

- 平叙文を疑問文にするには**文末を上昇調**のイントネーションにします．

    Vous êtes étudiant ↗ ?　あなたは学生ですか？

- **Est-ce que** で始まる疑問文は**文末を上昇調**のイントネーションにします．

    Est-ce qu'il est étudiant ↗ ?　彼は学生ですか？

- 疑問詞で始まる疑問文は**文末をやや下降調**のイントネーションにします．

    Où habitent-ils ↘ ?　彼らはどこに住んでいますか？

- 命令形は**文末を下げます**．

    Travaillez bien ↘ !　しっかり働きなさい！

音節と綴り字 e の読み方

音節の区切り方を覚えておくと，発音や読み方が正確になります．音節の区切り方の簡単な規則を覚えましょう．

1) 子音字の前で切ります．

   a-mi,　a-vec
   ア・ミ　ア・ヴェック

2) 子音字が重なるときはその間で切ります．

   ter-re,　ser-vir
   テ・ル　セル・ヴィール

3) 子音字＋l, r の時は切り離しません．

   re-gret,　ta-ble
   ル・グレ　タ・ブル

   母音字で終わる音節を開音節と言います：ma-da-me
   マ・ダ・ム

   子音字で終わる音節を閉音節と言います：nez,　es-prit
   ネ　エス・プリ

綴り字 e の読み方は複雑ですが，音節の区切り方を覚えるとわかりやすくなります．

1) 閉音節にある e は [ɛ] [e] と発音します．
   エ　エ

   al-ler,　a-vec
   ア・レ　ア・ヴェック

2) 開音節にある e はウ [ə] か，無音です．

   a-ve-nir,　re-pas
   ア・ヴ・ニール　ル・パ

3) 語末の e は無音です．

   mo-de,　clas-se
   モ・ド　クラ・ス

類題 1

・フランス語の文 (1)〜(5) をそれぞれ 3 回ずつ聞いてください．
・(1)〜(5) の文に対する応答として適切なものを，それぞれ ①，② から選び，解答欄のその番号にマークしてください．
（メモは自由にとってかまいません）

🎧31

(1)　① Parce qu'il est triste.

　　② Oui, il pleut.

(2)　① Non, il ne fait rien.

　　② Il est journaliste.

(3)　① Si, il est très content.

　　② Non, je ne suis pas content.

(4)　① Pas mal.

　　② Je vais à l'école.

(5)　① Trois heures, monsieur.

　　② Trois euros, monsieur.

解答番号	解 答 欄
(1)	① ②
(2)	① ②
(3)	① ②
(4)	① ②
(5)	① ②

問題文と解説

(1) **Pourquoi pleure-t-il ?** 「なぜ彼は泣いているんですか？」
　　① 「彼は悲しいからです．」　　② 「はい，雨が降っています．」
　Pourquoi? で聞かれたら Parce que で答えますから ① が正解です．

(2) **Qu'est-ce qu'il fait ?** 「彼は何をしていますか？」
　　① 「いいえ，彼は何もしていません．」
　　② 「彼はジャーナリストです．」
　疑問代名詞で聞かれたら oui, non で答えることはありません．ここでは職業を尋ねていますから ② が正解です．

(3) **Vous n'êtes pas content ?** 「あなたは満足していないんですか？」
　　① 「いいえ，彼はとても満足しています．」
　　② 「はい，私は満足していません．」
　「あなたは？」と聞かれていますから「私は」と答える ② が正解になります．

(4) **Comment allez-vous ?** 「ごきげんいかがですか？」
　　① 「元気ですよ．」　　② 「私は学校へ行きます．」
　Comment allez-vous? は相手が元気かどうか尋ねる言い方です．① の Pas mal. は「悪くない，元気だ．」という言い方ですからこちらが正解です．

(5) **Ça coûte combien ?** 「いくらですか？」
　　① 「3時間です．」　　② 「3ユーロです．」
　Ça coûte combien? は値段を尋ねる言い方ですから ② の ***Trois euros.*** が正解です．

解答

(1) ①　　(2) ②　　(3) ②　　(4) ①　　(5) ②

類題 2

・フランス語の文 (1)〜(5) をそれぞれ 3 回ずつ聞いてください．
・(1)〜(5) の文に対する応答として適切なものを，それぞれ ①, ② から選び，解答欄のその番号にマークしてください．
（メモは自由にとってかまいません）

(1) ① C'est Pierre.
　　② C'est sa voiture.

(2) ① Je cherche Paul.
　　② Je cherche mon chapeau.

(3) ① Non, j'ai froid.
　　② Oui, il fait chaud.

(4) ① Je vais au Japon.
　　② Elle va à Paris.

(5) ① De rien.
　　② Pardon.

解答番号	解答欄
(1)	① ②
(2)	① ②
(3)	① ②
(4)	① ②
(5)	① ②

問題文と解説

(1) **Qui habite ici ?** 「誰がここに住んでいますか？」
① 「ピエールです．」　　　② 「彼の車です．」
Qui?「誰が？」と人について聞いているのですから，① が正解です．

(2) **Qu'est-ce que tu cherches ?** 「君は何を探しているの？」
① 「ポールを探している．」　　② 「私の帽子を探している．」
Qu'est-ce que?「何を？」と聞いていますから「帽子」を探している ② が正解です．

(3) **Vous avez chaud ?** 「あなたは暑いですか？」
① 「いいえ，私は寒いです．」　② 「はい，(天候は) 暑いです．」
J'ai froid. は「私は寒いと感じている．」．Il fait chaud. は「天候が暑い．」と客観的に述べるときに言います．ここでは「あなたは暑いですか？」と聞いているのですから ① の ***Non, j'ai froid.*** になります．

(4) **Elle va où ?** 「彼女はどこに行くんですか？」
① 「私は日本に行きます．」　　② 「彼女はパリに行きます．」
「彼女は？」と聞かれていますから，② の ***Elle va à Paris.*** が正解になります．

(5) **Merci beaucoup.** 「ありがとう．」
① 「どういたしまして．」　　② 「すみません．」
お礼を言われたときの返事は ① の ***De rien.*** 「どういたしまして．」です．同じ意味で他に，Je vous en prie. Pas de quoi. などの表現があります．

解答

(1) ①　　(2) ②　　(3) ①　　(4) ②　　(5) ①

第2節　数　　字

数字は 1〜20 が出題されます．ただ数字の発音を覚えるだけでなく，その後にくる名詞とともに発音を覚える必要があります．母音や無音の h で始まる語がくるとリエゾンやアンシェーヌマンをし，音が変わるからです (→ p. 156)．

例題 1

33

・フランス語の文 (1)〜(5) をそれぞれ 3 回ずつ聞いてください．
・どの文にも必ず数字が含まれています．例にならって，その数字を解答欄にマークしてください．

(例)

・「7」と解答したい場合には，

⓪	①	②	③	④	⑤	⑥	⑦	⑧	⑨
⓪	①	②	③	④	⑤	⑥	**⑦**	⑧	⑨

とマークしてください．

・「15」と解答したい場合には，

⓪	**①**	②	③	④	⑤	⑥	⑦	⑧	⑨
⓪	①	②	③	④	**⑤**	⑥	⑦	⑧	⑨

とマークしてください．

34

解答番号	解　答　欄									
(1)	⓪	①	②	③	④	⑤	⑥	⑦	⑧	⑨
	⓪	①	②	③	④	⑤	⑥	⑦	⑧	⑨
(2)	⓪	①	②	③	④	⑤	⑥	⑦	⑧	⑨
	⓪	①	②	③	④	⑤	⑥	⑦	⑧	⑨
(3)	⓪	①	②	③	④	⑤	⑥	⑦	⑧	⑨
	⓪	①	②	③	④	⑤	⑥	⑦	⑧	⑨
(4)	⓪	①	②	③	④	⑤	⑥	⑦	⑧	⑨
	⓪	①	②	③	④	⑤	⑥	⑦	⑧	⑨
(5)	⓪	①	②	③	④	⑤	⑥	⑦	⑧	⑨
	⓪	①	②	③	④	⑤	⑥	⑦	⑧	⑨

問題文と解説

(1) Dans cette salle, il y a ***seize*** élèves.
「この教室には 16 人の生徒がいます.」

「16」seize の後にくる名詞が élèves で母音で始まりますから，seize がアンシェーヌマンして seize élèves「セ・ゼレーヴ」になることに注意.

(2) Ils ont ***deux*** voitures.
「彼らは車を 2 台持っています.」

(3) L'école est à ***quatre*** kilomètres.
「学校は 4 キロのところにあります.」

(4) Nous habitons ici depuis ***un*** mois.
「私たちはここに 1 ヶ月前から住んでいます.」

1 は un と une があり，それぞれ男性名詞，女性名詞の前で用います．mois「月」は男性名詞ですから「1 ヶ月」は un mois です．

(5) On commence à ***onze*** heures.
「11 時に始めます.」

heures は無音の h で始まりますから，母音の場合と同じように，その前の onze とともにアンシェーヌマンして onze heures「オン・ズール」になります．

解答

(1) **16**　　(2) **2**　　(3) **4**　　(4) **1**　　(5) **11**

例題 2

🎧㉟
- フランス語の文 (1)〜(5) をそれぞれ 3 回ずつ聞いてください.
- どの文にも必ず数字が含まれています. 例にならって, その数字を解答欄にマークしてください.

(例)
- 「7」と解答したい場合には,

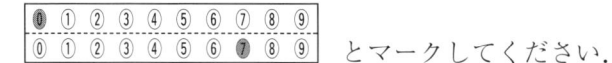

  ⓪ ① ② ③ ④ ⑤ ⑥ ⑦ ⑧ ⑨
  ⓪ ① ② ③ ④ ⑤ ⑥ ❼ ⑧ ⑨   とマークしてください.

- 「15」と解答したい場合には,

  ⓪ ❶ ② ③ ④ ⑤ ⑥ ⑦ ⑧ ⑨
  ⓪ ① ② ③ ④ ❺ ⑥ ⑦ ⑧ ⑨   とマークしてください.

🎧㊱

解答番号	解　答　欄
(1)	⓪ ① ② ③ ④ ⑤ ⑥ ⑦ ⑧ ⑨ ⓪ ① ② ③ ④ ⑤ ⑥ ⑦ ⑧ ⑨
(2)	⓪ ① ② ③ ④ ⑤ ⑥ ⑦ ⑧ ⑨ ⓪ ① ② ③ ④ ⑤ ⑥ ⑦ ⑧ ⑨
(3)	⓪ ① ② ③ ④ ⑤ ⑥ ⑦ ⑧ ⑨ ⓪ ① ② ③ ④ ⑤ ⑥ ⑦ ⑧ ⑨
(4)	⓪ ① ② ③ ④ ⑤ ⑥ ⑦ ⑧ ⑨ ⓪ ① ② ③ ④ ⑤ ⑥ ⑦ ⑧ ⑨
(5)	⓪ ① ② ③ ④ ⑤ ⑥ ⑦ ⑧ ⑨ ⓪ ① ② ③ ④ ⑤ ⑥ ⑦ ⑧ ⑨

問題文と解説

(1) Cette fille a ***neuf*** ans.
　　　「その女の子は **9** 歳です.」
　neuf は次にくる母音と連音しますが，次にくる名詞が ans「年」と heures「時間」の場合は，f が「ヴ」と濁って発音されます．neuf ans「ヌ・ヴァン」，neuf heures「ヌ・ヴール」．

(2) Elle arrive à Kyoto le ***douze***.
　　　「彼女は **12** 日に京都に着きます.」
　日付けの言い方は《定冠詞 le＋基数》です．「3月3日」→ le 3 mars

(3) Ils ont ***deux*** enfants.
　　　「彼らは子供が **2** 人います.」
　deux は次にくる名詞が母音や無音の h で始まるときリエゾンし，x が「ズ」の音になります．deux enfants「ドゥ・ザンファン」

(4) Le train part à ***quinze*** heures.
　　　「電車は **15** 時に出発します.」
　heures が無音の h で始まりますから，「15」quinze がアンシェーヌマンして quinze heures「カーン・ズール」になります．

(5) Son fils a ***cinq*** ans.
　　　「彼の息子は **5** 歳です.」
　ans が母音で始まりますから，「5」cinq がアンシェーヌマンして cinq ans「サン・カン」になります．

解 答

(1) **9**　　(2) **12**　　(3) **2**　　(4) **15**　　(5) **5**

文　法

数字の読み方

数字は，これまでの試験では，**20 までの基数**に限られています．難しいのは，その後にくる名詞が子音で始まるか母音で始まるかで，数字の読み方が変わることがあるという点です．そのことに注意しながら数字の読み方を勉強しましょう．

1	un	アン			
1	une	ユヌ	11	onze	オーンズ
2	deux	ドゥ	12	douze	ドゥーズ
3	trois	トロワ	13	treize	トレーズ
4	quatre	カトル	14	quatorze	カトールズ
5	cinq	サンク	15	quinze	カーンズ
6	six	シス	16	seize	セーズ
7	sept	セット	17	dix-sept	ディス・セット
8	huit	ユイット	18	dix-huit	ディズ・ユイット
9	neuf	ヌフ	19	dix-neuf	ディズ・ヌフ
10	dix	ディス	20	vingt	ヴァン

● 後に子音で始まる名詞がくる場合，6 (six), 8 (huit), 10 (dix) の最後の子音は発音されません．5 (cinq) の q も発音されないとされていますが，実際は発音される場合が多くみられます．

si**x** stylos　　スィ・スティロ
hui**t** stylos　　ユイ・スティロ
di**x** stylos　　ディ・スティロ

● 数字の後に母音または無音の h で始まる名詞がくると，リエゾン，アンシェーヌマンをして，発音が変わります．リエゾン，アンシェーヌマンについては p. 144 を参照してください．

🎧39

un‿euro	アン・ヌーロ	onze⌢euros	オーン・ズーロ
deux‿euros	ドゥ・ズーロ	douze⌢euros	ドゥー・ズーロ
trois‿euros	トロワ・ズーロ	treize⌢euros	トレ・ズーロ
quatre⌢euros	カ・トルーロ	quatorze⌢euros	カトール・ズーロ
cinq⌢euros	サン・クーロ	quinze⌢euros	カーン・ズーロ
six‿euros	スィ・ズーロ	seize⌢euros	セー・ズーロ
sept⌢euros	セ・トゥーロ	dix-sept⌢euros	ディス・セ・トゥーロ
huit⌢euros	ユイ・トゥーロ	dix-huit⌢euros	ディズ・ユイ・トゥーロ
neuf⌢euros	ヌ・フーロ	dix-neuf⌢euros	ディズ・ヌ・フーロ
dix‿euros	ディ・ズーロ	vingt‿euros	ヴァン・トゥーロ

(‿ はリエゾン，⌢ はアンシェーヌマンを示します)

＊s, x は [z ズ] の音でリエゾンします．また neuf は ans（年）と heures（時間）の語が来たときは f を [v ヴ] の音でリエゾンさせます．
neu**f** ans　ヌ・**ヴァ**ン
neu**f** heures　ヌ・**ヴ**ール

類題 1

- フランス語の文 (1)〜(5) をそれぞれ 3 回ずつ聞いてください．
- どの文にも必ず数字が含まれています．例にならって，その数字を解答欄にマークしてください．

(例)
- 「7」と解答したい場合には，

  ⓿①②③④⑤⑥⑦⑧⑨
  ⓪①②③④⑤⑥❼⑧⑨   とマークしてください．

- 「15」と解答したい場合には，

  ⓪❶②③④⑤⑥⑦⑧⑨
  ⓪①②③④❺⑥⑦⑧⑨   とマークしてください．

解答番号	解　答　欄
(1)	⓪①②③④⑤⑥⑦⑧⑨ ⓪①②③④⑤⑥⑦⑧⑨
(2)	⓪①②③④⑤⑥⑦⑧⑨ ⓪①②③④⑤⑥⑦⑧⑨
(3)	⓪①②③④⑤⑥⑦⑧⑨ ⓪①②③④⑤⑥⑦⑧⑨
(4)	⓪①②③④⑤⑥⑦⑧⑨ ⓪①②③④⑤⑥⑦⑧⑨
(5)	⓪①②③④⑤⑥⑦⑧⑨ ⓪①②③④⑤⑥⑦⑧⑨

問題文と解説

(1) Monsieur et Madame Dupont ont **trois** enfants.
　　「デュポン夫妻は3人の子供がいます.」

　trois enfants は s が「ズ」の音でリエゾンして「トロワ・ザンファン」になります.

(2) Mon cours commence à **huit** heures.
　　「私の授業は8時に始まります.」

　huit heures はアンシェーヌマンして,「ユイ・トゥール」になります.

(3) Nous partons dans **six** jours.
　　「私達は6日後に出発します.」

　six は子音で始まる語の前では「スィス」ではなく「スィ」になります.

(4) Il y a **dix** arbres dans mon jardin.
　　「私の庭には10本の木があります.」

　dix arbres は x が「ズ」の音でリエゾンして,「ディ・ザルブル」になります.

(5) Marie, c'est **une** de mes amies.
　　「マリーは私の女友達の1人です.」

　「1」だけは男性形と女性形があり, 女性形は une になります.

解答

(1) **3**　　(2) **8**　　(3) **6**　　(4) **10**　　(5) **1**

類題 2

・フランス語の文 (1)〜(5) をそれぞれ3回ずつ聞いてください．
・どの文にも必ず数字が含まれています．例にならって，その数字を解答欄にマークしてください．

（例）

・「7」と解答したい場合には，

| ⓪ | ① | ② | ③ | ④ | ⑤ | ⑥ | ⑦ | ⑧ | ⑨ |
| ⓪ | ① | ② | ③ | ④ | ⑤ | ⑥ | ❼ | ⑧ | ⑨ |

とマークしてください．

・「15」と解答したい場合には，

| ⓪ | ❶ | ② | ③ | ④ | ⑤ | ⑥ | ⑦ | ⑧ | ⑨ |
| ⓪ | ① | ② | ③ | ④ | ❺ | ⑥ | ⑦ | ⑧ | ⑨ |

とマークしてください．

解答番号	解　答　欄										
(1)	⓪	①	②	③	④	⑤	⑥	⑦	⑧	⑨
	⓪	①	②	③	④	⑤	⑥	⑦	⑧	⑨
(2)	⓪	①	②	③	④	⑤	⑥	⑦	⑧	⑨
	⓪	①	②	③	④	⑤	⑥	⑦	⑧	⑨
(3)	⓪	①	②	③	④	⑤	⑥	⑦	⑧	⑨
	⓪	①	②	③	④	⑤	⑥	⑦	⑧	⑨
(4)	⓪	①	②	③	④	⑤	⑥	⑦	⑧	⑨
	⓪	①	②	③	④	⑤	⑥	⑦	⑧	⑨
(5)	⓪	①	②	③	④	⑤	⑥	⑦	⑧	⑨
	⓪	①	②	③	④	⑤	⑥	⑦	⑧	⑨

問題文と解説

(1) Son cousin a ***douze*** ans.
　　　「彼の従兄弟は 12 歳です.」

　douze ans はアンシェーヌマンして「ドゥー・ザン」になります. 間違えやすいのが deux ans です. [dø zɑ̃]（ドゥ・ザン）, douze ans は [du: zɑ̃]（ドゥー・ザン）で発音は微妙に異なります.

(2) ***Six*** pommes, s'il vous plaît.
　　　「りんごを 6 つください.」

　six の後に子音で始まる語がくると six の x は発音されませんから「スィ・ポム」となります.

(3) Il y a ***cinq*** pièces dans cette maison.
　　　「この家には部屋が 5 つある.」

　cinq は次に子音で始まる語がくると q を発音しないとされていますが, 多くは発音されています.

(4) Cet homme rentre à ***dix-neuf*** heures.
　　　「その男は 19 時に帰ります.」

　neuf は heures の前でリエゾンしますが, f は「ヴ」の音になります. dix-neuf heures「ディズ・ヌ・ヴール」.

(5) Ça coûte ***sept*** euros.
　　　「それは 7 ユーロします.」

　sept euros はアンシェーヌマンして「セ・トゥーロ」になります.

解答

(1) **12**　　(2) **6**　　(3) **5**　　(4) **19**　　(5) **7**

第3節　文にふさわしい絵を見つける

聞き取りの**第3問**は，読み上げられた文にふさわしい絵を選ぶ問題，**第4問**は二つの絵のうちでフランス語文に該当するものを選ぶ問題です．

例題 1

・フランス語の文 (1)〜(5) をそれぞれ 3 回ずつ聞いてください．
・それぞれの文に最もふさわしい絵を，下の ①〜⑤ の絵の中から一つずつ選び，解答欄のその番号にマークしてください．
（メモは自由にとってかまいません）

解答番号	解　答　欄				
(1)	①	②	③	④	⑤
(2)	①	②	③	④	⑤
(3)	①	②	③	④	⑤
(4)	①	②	③	④	⑤
(5)	①	②	③	④	⑤

第 3 節　文にふさわしい絵を見つける　163

問題文と解説

(1) ***Ton café est très bon.***　　　　「君のコーヒーはとてもおいしい.」

café は店の「カフェ」と飲み物の「コーヒー」の意味があります. ③ を選びます.

(2) ***J'ai mal à la tête.***　　　　「私は頭が痛い.」

avoir mal à ～ は「～が痛い」という意味です（→ p. 115）. ④ が正解です.

(3) ***Il y a du vent.***　　　　「風があります.」

du は部分冠詞です. ⑤ が正解です.

(4) ***Je n'ai pas très faim.***　　　　「そんなにお腹がすいていません.」

J'ai faim.「お腹がすいている.」 ne ～ pas très ～ は「あまり～ない」という意味になります. ① を選びます.

(5) ***Donne-moi le journal.***　　　　「新聞を取ってよ.」

donner の命令形の文です. le journal は「日記」という意味もありますが, ここでは「新聞」の意味です. 正解は ② です.

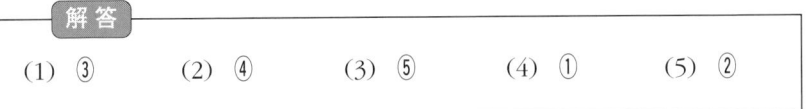

解 答

(1) ③　　(2) ④　　(3) ⑤　　(4) ①　　(5) ②

例題 2

- フランス語の文 (1)〜(5) をそれぞれ 3 回ずつ聞いてください．
- (1)〜(5) の文にふさわしい絵を，それぞれ ①, ② から選び，解答欄のその番号にマークしてください．

(1) ① ②

(2) ①  ②

(3) ①  ②

(4) ①  ②

(5) ①  ②

解答番号	解答欄
(1)	① ②
(2)	① ②
(3)	① ②
(4)	① ②
(5)	① ②

問題文と解説

(1) ***Sophie est devant son père.***　「ソフィーは父親の前にいます.」

　devant は「〜の前に」ですから ② が正解です. ① の絵のように「父親の後ろに」だったら derrière son père になります.

(2) ***Ils écoutent de la musique.***　「彼らは音楽を聞いている.」

　「イル・ゼクット」ですから主語は複数形の ils で, ① が正解です. ② なら Il écoute …「イ・レクット」の音になります. de la は部分冠詞です.

(3) ***Elle est étudiante.***　「彼女は学生です.」

　Elle est … は「彼女は」ですから ① が正解です. ② なら Il est étudiant.

(4) ***Il n'a plus d'argent.***　「彼はもう金がない.」

　ne 〜 plus は「もう〜ない」という否定形です. ですから ② が正解です.

(5) ***Voilà notre ami japonais.***　「こちらは私たちの日本人の友人です.」

　notre ami は「私たちの友人」で, 友人の数は一人ですから ② が正解です. ① なら nos amis japonais と言わなければなりません.

解答

(1) ②　　(2) ①　　(3) ①　　(4) ②　　(5) ②

類題 1

- フランス語の文 (1)〜(5) をそれぞれ 3 回ずつ聞いてください．
- それぞれの文に最もふさわしい絵を，下の ①〜⑤ の絵の中から一つずつ選び，解答欄のその番号にマークしてください．

解答番号	解 答 欄
(1)	① ② ③ ④ ⑤
(2)	① ② ③ ④ ⑤
(3)	① ② ③ ④ ⑤
(4)	① ② ③ ④ ⑤
(5)	① ② ③ ④ ⑤

第 3 節　文にふさわしい絵を見つける　167

> 問題文と解説

(1) ***Bon anniversaire !***　　　　　「誕生日おめでとう！」

　　誕生日の挨拶です．Joyeux anniversaire! とも言います．正解は ② です．

(2) ***C'est combien ?***　　　　　「これはいくらですか？」

　　値段を尋ねるときの表現です．Ça coûte combien? という言い方もあります．正解は ③ です．

(3) ***Vous avez l'heure ?***　　　　　「今何時かわかりますか？」

　　時刻の聞き方には，Quelle heure est-il?「今何時ですか？」という言い方もあります．正解は ① です．

(4) ***Tiens ! Il pleut.***　　　　　「あれ！　雨だ．」

　　Tiens! は間投詞で，軽い驚きを表します．天候の表現は非人称構文を用います（→ p. 51）．正解は ④ です．

(5) ***Trois billets, s'il vous plaît.***　　「切符を3枚ください．」

　　s'il vous plaît は，人にものを頼むときよく使われる言い回しです．正解は ⑤ です．

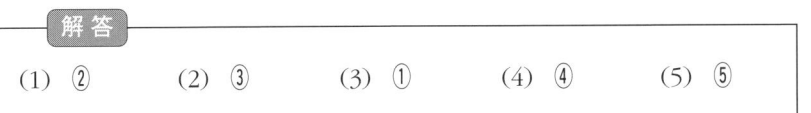

解 答

(1) ②　　(2) ③　　(3) ①　　(4) ④　　(5) ⑤

類題 2

・フランス語の文 (1)〜(5) をそれぞれ 3 回ずつ聞いてください．
・(1)〜(5) のそれぞれの文にふさわしい絵を，①，② から選び，解答欄のその番号にマークしてください．

(1) ①　　②

(2) ① 　　②

(3) ① 　　②

(4) ① 　　②

(5) ① 　　②

解答番号	解答欄	
(1)	①	②
(2)	①	②
(3)	①	②
(4)	①	②
(5)	①	②

問題文と解説

(1) ***Le chat est sous la table.***　　「猫はテーブルの下にいます。」

sous は「〜の下に」ですから ① が正解です．② のように「テーブルの上に」だったら sur la table になります．

(2) ***Ils vont au cinéma.***　　「彼らは映画に行きます。」

Ils…「彼ら」ですから ② が正解です．① のように一人だったら Il va au cinéma. になります．なお vont と au はリエゾンして「ヴォン・ト」の音になります．

(3) ***Elle ne porte pas de chapeau.***　　「彼女は帽子をかぶっていません。」

② のように，帽子をかぶっているのなら Elle porte un chapeau. になります．正解は ① です．なお de は否定文における冠詞の変形です（→p.119）．

(4) ***Nous sommes le premier mai.***　　「今日は5月1日です。」

日付を言う場合，5月2日を le 2 mai と言うように，普通は《le＋基数》ですが，1日だけは le premier と序数を用います．正解は ② です．

(5) ***Elle est avec son bébé.***　　「彼女は赤ちゃんと一緒です。」

avec は「〜と一緒に」．「赤ちゃん (bébé) と一緒」なのは ① です．「彼女の恋人と一緒」なら avec son ami.

解答

(1) ①　　(2) ②　　(3) ①　　(4) ②　　(5) ①

模擬試験

注意事項（p. 10 参照のこと）

模擬試験　1

筆記試験（試験時間：30分）

1 次の (1)〜(5) の (　) 内に入れるのに最も適切なものを，それぞれ ①〜③ のなかから一つずつ選び，解答欄のその番号にマークしてください．

(1)　C'est (　　) université.
　　① ma　　　② mon　　　③ mes

(2)　(　　) église est très belle.
　　① Cette　　② Cet　　　③ Ce

(3)　Il y a (　　) livres dans ma serviette.
　　① des　　　② un　　　　③ de

(4)　Il va sortir de (　　) école.
　　① l'　　　　② la　　　　③ le

(5)　Finissons (　　) travail.
　　① nos　　　② nous　　　③ notre

解答番号	解答欄
(1)	① ② ③
(2)	① ② ③
(3)	① ② ③
(4)	① ② ③
(5)	① ② ③

2 次の (1)〜(5) の (　) 内に入れるのに最も適切なものを，それぞれ ①〜③ のなかから一つずつ選び，解答欄のその番号にマークしてください．

(1) Vous (　　) le petit déjeuner?
　　① prenons　　② prenez　　③ prend

(2) Il (　　) tous les jours dans la forêt.
　　① marche　　② marches　　③ marchez

(3) Il va (　　) pour la France.
　　① pars　　② partez　　③ partir

(4) (　　) bien pour tes examens!
　　① Travailles　　② Travaillez　　③ Travaille

(5) Qu'est-ce que tu (　　)?
　　① veux　　② voulez　　③ veut

解答番号	解答欄
(1)	① ② ③
(2)	① ② ③
(3)	① ② ③
(4)	① ② ③
(5)	① ② ③

3 例にならい，次の (1)〜(4) において，それぞれ ①〜③ をすべて用いて，あたえられた日本語に対応する文を完成したときに，（ ）内に入るのはどれですか．①〜③ のなかから一つずつ選び，解答欄のその番号にマークしてください．

例： きょうはとても暑い．

　　Il _____ (_____) _____ aujourd'hui.
　　　① chaud　　② fait　　③ très

　　Il fait (très) chaud aujourd'hui.
　　　　②　　　③　　　①

　となり，②③① の順なので（ ）内に入るのは ③．

(1) それはとてもきれいな写真です．

　　C'est une _____ (_____) _____.
　　　① belle　　② très　　③ photo

(2) 彼はたくさん水を飲む．

　　Il boit _____ (_____) _____.
　　　① eau　　② beaucoup　　③ d'

(3) 正午前に来てはいけません．

　　Il ne _____ (_____) _____ avant midi.
　　　① faut　　② pas　　③ venir

(4) 彼はいつも弟と一緒にいる．

　　Il est toujours _____ (_____) _____ frère.
　　　① petit　　② avec　　③ son

解答番号	解答欄
(1)	① ② ③
(2)	① ② ③
(3)	① ② ③
(4)	① ② ③

4 次の (1)~(4) 対する応答として適切なものを，それぞれ ①, ② から選び，解答欄のその番号にマークしてください．

(1) Qu'est-ce que vous faites cet après-midi ?
    ① Je joue au tennis avec Paul.
    ② Je suis journaliste.

(2) Vous n'aimez pas la viande ?
    ① Oui, j'aime beaucoup.
    ② Si, j'aime beaucoup.

(3) Quel pays aimez-vous ?
    ① J'aime le français.
    ② J'aime la France.

(4) Comment rentrez-vous chez vous ?
    ① Je rentre à trois heures.
    ② Je rentre en voiture.

解答番号	解答欄
(1)	① ②
(2)	① ②
(3)	① ②
(4)	① ②

5 次の (1)～(4) において，日本語で示した**特徴を持っている語**をそれぞれ ①～③ のなかから一つずつ選び，解答欄のその番号にマークしてください．

(1) 職　業

　　① parents　　② Italien　　③ écrivain

(2) 住　居

　　① bureau　　② moto　　③ bateau

(3) 家　族

　　① salon　　② cousin　　③ acteur

(4) 食べ物

　　① arbre　　② argent　　③ fromage

解答番号	解　答　欄
(1)	① ② ③
(2)	① ② ③
(3)	① ② ③
(4)	① ② ③

6 次の (1)〜(4) の絵に対応する文を，それぞれ ①, ② のなかから選び，解答欄のその番号にマークしてください．

(1)
① Il est avec ses enfants.
② Il est avec son enfant.

(2)
① C'est une étudiante.
② Ce sont des étudiantes.

(3)
① Allez tout droit.
② Tournez à droite.

(4)
① Nous sommes le 1er janvier.
② Nous sommes le 24 décembre.

解答番号	解答欄
(1)	① ②
(2)	① ②
(3)	① ②
(4)	① ②

7 次の会話を読み，(1)〜(4) に入れるのに最も適切なものを，それぞれ ①〜③ のなかから一つずつ選び，解答欄のその番号にマークしてください．

Jacques : Qu'est-ce qu'on fait cet après-midi ?
Anne : Aujourd'hui, il (1) très beau.
　　　　On va jouer au tennis ?
Jacques : Non, aujourd'hui, je suis (2).
Anne : Alors, on va au cinéma ?
Jacques : Oui, mais ... je (3) assez d'argent.
Anne : Tiens, j'ai une idée. On va voir un concert dans le jardin du Luxembourg. D'accord ?
Jacques : Si tu (4).

(1) ① faut　　② est　　③ fait
(2) ① fatigué　　② content　　③ riche
(3) ① ne suis pas　　② ai　　③ n'ai pas
(4) ① sais　　② veux　　③ prends

解答番号	解答欄
(1)	① ② ③
(2)	① ② ③
(3)	① ② ③
(4)	① ② ③

聞き取り試験 （試験時間：約 15 分）

注 意 事 項

1 聞き取り試験は，録音テープで行いますので，テープの指示に従ってください．
2 解答はすべて筆記試験と同じ解答用紙の所定欄に，**HB** または **B** の黒鉛筆（シャープペンシルも可）でマークしてください．

1 ・フランス語の文 (1)〜(5) をそれぞれ 3 回づつ聞いてください．
・(1)〜(5) の文に対する応答として適切なものを，それぞれ ①, ② から選び，解答欄のその番号にマークしてください．
（メモは自由にとってかまいません）

(1) ① Il est petit.
    ② Il est à l'école.

(2) ① Je vais très bien.
    ② Je m'appelle Jacques Dupont.

(3) ① J'habite à Paris.
    ② Il habite à Paris.

(4) ① Je pars à midi.
　　② J'arrive à midi.

(5) ① Non, il va au restaurant.
　　② Pas mal, je crois.

解答番号	解答欄
(1)	① ②
(2)	① ②
(3)	① ②
(4)	① ②
(5)	① ②

2
・フランス語の文 (1)〜(5) をそれぞれ 3 回ずつ聞いてください．
・どの文にも必ず数字が含まれています．例にならって，その数字を解答欄にマークしてください．

（例）
・「7」と解答したい場合には，

⓪ ① ② ③ ④ ⑤ ⑥ ⑦ ⑧ ⑨
⓪ ① ② ③ ④ ⑤ ⑥ ❼ ⑧ ⑨　とマークしてください．

・「15」と解答したい場合には，

⓪ ❶ ② ③ ④ ⑤ ⑥ ⑦ ⑧ ⑨
⓪ ① ② ③ ④ ❺ ⑥ ⑦ ⑧ ⑨　とマークしてください．

解答番号	解答欄
(1)	⓪ ① ② ③ ④ ⑤ ⑥ ⑦ ⑧ ⑨ ⓪ ① ② ③ ④ ⑤ ⑥ ⑦ ⑧ ⑨
(2)	⓪ ① ② ③ ④ ⑤ ⑥ ⑦ ⑧ ⑨ ⓪ ① ② ③ ④ ⑤ ⑥ ⑦ ⑧ ⑨
(3)	⓪ ① ② ③ ④ ⑤ ⑥ ⑦ ⑧ ⑨ ⓪ ① ② ③ ④ ⑤ ⑥ ⑦ ⑧ ⑨
(4)	⓪ ① ② ③ ④ ⑤ ⑥ ⑦ ⑧ ⑨ ⓪ ① ② ③ ④ ⑤ ⑥ ⑦ ⑧ ⑨
(5)	⓪ ① ② ③ ④ ⑤ ⑥ ⑦ ⑧ ⑨ ⓪ ① ② ③ ④ ⑤ ⑥ ⑦ ⑧ ⑨

3
- フランス語の文 (1)〜(5) をそれぞれ 3 回ずつ聞いてください．
- それぞれの文に最もふさわしい絵を，下の ①〜⑤ のなかから一つずつ選び，解答欄のその番号にマークしてください．
  （メモは自由にとってかまいません）

解答番号	解 答 欄
(1)	① ② ③ ④ ⑤
(2)	① ② ③ ④ ⑤
(3)	① ② ③ ④ ⑤
(4)	① ② ③ ④ ⑤
(5)	① ② ③ ④ ⑤

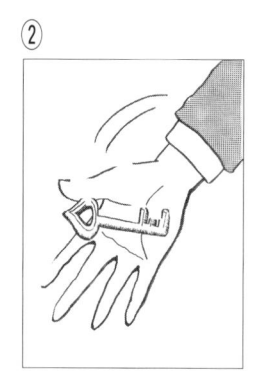

4

- フランス語の文 (1)〜(5) をそれぞれ 3 回ずつ聞いてください．
- (1)〜(5) の文にふさわしい絵を，それぞれ ①, ② から選び，解答欄のその番号にマークしてください．

（メモは自由にとってかまいません）

(1) ①　②

(2) ① 　②

(3) ① 　②

(4) ① 　②

(5) ① 　②

解答番号	解答欄
(1)	① ②
(2)	① ②
(3)	① ②
(4)	① ②
(5)	① ②

模擬試験 2

筆記試験（試験時間：30分）

1 次の (1)〜(5) の（　）内に入れるのに最も適切なものを，それぞれ ①〜③ のなかから一つずつ選び，解答欄のその番号にマークしてください．

(1) C'est ton cahier? — Oui, c'est (　　) cahier.
　　① ton　　　　② mon　　　　③ son

(2) (　　) appartement est grand.
　　① Cette　　　② Cet　　　　③ Ce

(3) Elle porte (　　) jupe verte.
　　① une　　　　② un　　　　　③ des

(4) Il va à (　　) hôpital cet après-midi.
　　① les　　　　② la　　　　　③ l'

(5) Un peu (　　) sel, s'il vous plaît.
　　① du　　　　② de　　　　　③ des

解答番号	解答欄
(1)	① ② ③
(2)	① ② ③
(3)	① ② ③
(4)	① ② ③
(5)	① ② ③

2 次の (1)〜(5) の (   ) 内に入れるのに最も適切なものを，それぞれ ①〜③ のなかから一つずつ選び，解答欄のその番号にマークしてください．

(1) Aujourd'hui, il (   ) mauvais.
   ① fais   ② fait   ③ faut

(2) Quand (   )-tu ?
   ① rentrez   ② rentres   ③ rentre

(3) Il vient de (   ) son examen.
   ① finir   ② finis   ③ finit

(4) (   ) bien, mes enfants !
   ① Écoute   ② Écoutes   ③ Écoutez

(5) Quels (   ) ces arbres ?
   ① ont   ② sont   ③ vont

解答番号	解答欄
(1)	① ② ③
(2)	① ② ③
(3)	① ② ③
(4)	① ② ③
(5)	① ② ③

3 例にならい，次の (1)〜(4) において，それぞれ ①〜③ をすべて用いて，あたえられた日本語に対応する文を完成したときに，（　）内に入るのはどれですか．①〜③ のなかから一つずつ選び，解答欄のその番号にマークしてください．

例： きょうはとても暑い．
　　　Il _____ (_____) _____ aujourd'hui.
　　　　① chaud　　② fait　　③ très
　　　Il fait (très) chaud aujourd'hui.
　　　　　②　　　③　　　①
　　となり，②③① の順なので（　）内に入るのは ③．

(1) このきれいな花を見なさい．
　　　Regardez _____ (_____) _____.
　　　　① jolie　　② cette　　③ fleur

(2) こちらはピエールの友達です．
　　　C'est _____ (_____) _____ Pierre.
　　　　① l'　　② de　　③ ami

(3) 瓶にはもうワインはありません．
　　　Il n'_____ (_____) _____ de vin dans la bouteille.
　　　　① a　　② plus　　③ y

(4) 私はその辞書が必要です．
　　　J'_____ (_____) _____ ce dictionnaire.
　　　　① de　　② besoin　　③ ai

解答番号	解答欄
(1)	① ② ③
(2)	① ② ③
(3)	① ② ③
(4)	① ② ③

4　次の (1)〜(4) 対する応答として適切なものを，それぞれ ①, ② から選び，解答欄のその番号にマークしてください．

(1)　Où est ma clef?
   ①　Elle est sur la table.
   ②　Il est dans votre sac.

(2)　Qui arrive demain?
   ①　C'est Laurent.
   ②　Oui, il arrive demain.

(3)　Elle est française?
   ①　Oui, elle aime le français.
   ②　Non, elle est anglaise.

(4)　Quel âge a-t-il?
   ①　Il y a dix ans.
   ②　Il a huit ans.

解答番号	解答欄
(1)	① ②
(2)	① ②
(3)	① ②
(4)	① ②

5 次の (1)〜(4) において，日本語で示した**特徴を持っている語**をそれぞれ ①〜③ のなかから一つずつ選び，解答欄のその番号にマークしてください．

(1) 方　向

　　① est　　　　② janvier　　　③ mardi

(2) 天　候

　　① pomme　　② pluie　　　　③ rose

(3) 色

　　① blanc　　　② bière　　　　③ nord

(4) 人　体

　　① chapeau　② jaune　　　　③ jambe

解答番号	解答欄
(1)	① ② ③
(2)	① ② ③
(3)	① ② ③
(4)	① ② ③

6 次の (1)〜(4) の絵に対応する文を，それぞれ ①, ② のなかから選び，解答欄のその番号にマークしてください．

(1)
① Il rentre de son école.
② Il va à son école.

(2)
① Elle ne porte pas de lunettes.
② Elle ne porte pas de chapeau.

(3)
① Il neige et il fait très froid.
② Il fait beau et il fait très chaud.

(4)
① Paul est le frère de Sylvie.
② Sylvie est la fille de Paul.

解答番号	解答欄
(1)	① ②
(2)	① ②
(3)	① ②
(4)	① ②

7 次の会話を読み，(1)〜(4) に入れるのに最も適切なものを，それぞれ ①〜③ のなかから一つずつ選び，解答欄のその番号にマークしてください．

Jacques : Bon anniversaire！ Voici un petit cadeau (1) toi.

Mireille : Oh, merci Jacques. C'est très gentil.

Jacques : (2).

Mireille : Je peux ouvrir？

Jacques : (3).

Mireille : Oh, une robe. Qu'elle (4) jolie！

Jacques : Elle te plaît？

Mireille : Oui, beaucoup. Merci encore, Jacques.

(1) ① en   ② pour   ③ de

(2) ① De rien ② Pardon   ③ Pas mal

(3) ① Merci bien ② Mais non ③ Bien sûr

(4) ① porte   ② est   ③ a

解答番号	解答欄
(1)	① ② ③
(2)	① ② ③
(3)	① ② ③
(4)	① ② ③

聞き取り試験（試験時間：15分）

注 意 事 項

1 聞き取り試験は，録音テープで行いますので，テープの指示に従ってください．
2 解答はすべて筆記試験と同じ解答用紙の所定欄に，**HB** または **B** の黒鉛筆（シャープペンシルも可）でマークしてください．

1 ・フランス語の文 (1)〜(5) をそれぞれ3回づつ聞いてください．
・(1)〜(5) の文に対する応答として適切なものを，それぞれ ①, ② から選び，解答欄のその番号にマークしてください．
（メモは自由にとってかまいません）

(1) ① Non, c'est ma maison.
　　② Oui, c'est ma maison.

(2) ① Non, je suis journaliste.
　　② Non, je suis étudiant.

(3) ① Je vais à la gare.
　　② Je viens de la gare.

解答番号	解答欄
(1)	① ②
(2)	① ②
(3)	① ②
(4)	① ②
(5)	① ②

(4) ① Il fait la cuisine.

　　② Il pleut.

(5) ① Demain, je crois.

　　② Hier, je crois.

2 ・フランス語の文 (1)〜(5) をそれぞれ 3 回ずつ聞いてください．

　　・どの文にも必ず数字が含まれています．例にならって，その数字を解答欄にマークしてください．

(例)

・「7」と解答したい場合には，

⓪ ① ② ③ ④ ⑤ ⑥ ⑦ ⑧ ⑨
⓪ ① ② ③ ④ ⑤ ⑥ ❼ ⑧ ⑨　とマークしてください．

・「15」と解答したい場合には，

⓪ ❶ ② ③ ④ ⑤ ⑥ ⑦ ⑧ ⑨
⓪ ① ② ③ ④ ❺ ⑥ ⑦ ⑧ ⑨　とマークしてください．

解答番号	解　答　欄
(1)	⓪ ① ② ③ ④ ⑤ ⑥ ⑦ ⑧ ⑨ ⓪ ① ② ③ ④ ⑤ ⑥ ⑦ ⑧ ⑨
(2)	⓪ ① ② ③ ④ ⑤ ⑥ ⑦ ⑧ ⑨ ⓪ ① ② ③ ④ ⑤ ⑥ ⑦ ⑧ ⑨
(3)	⓪ ① ② ③ ④ ⑤ ⑥ ⑦ ⑧ ⑨ ⓪ ① ② ③ ④ ⑤ ⑥ ⑦ ⑧ ⑨
(4)	⓪ ① ② ③ ④ ⑤ ⑥ ⑦ ⑧ ⑨ ⓪ ① ② ③ ④ ⑤ ⑥ ⑦ ⑧ ⑨
(5)	⓪ ① ② ③ ④ ⑤ ⑥ ⑦ ⑧ ⑨ ⓪ ① ② ③ ④ ⑤ ⑥ ⑦ ⑧ ⑨

3 ・フランス語の文 (1)〜(5) をそれぞれ 3 回ずつ聞いてください．
　・それぞれの文に最もふさわしい絵を，下の ①〜⑤ のなかから一つずつ選び，解答欄のその番号にマークしてください．
　（メモは自由にとってかまいません）

解答番号	解　答　欄				
(1)	①	②	③	④	⑤
(2)	①	②	③	④	⑤
(3)	①	②	③	④	⑤
(4)	①	②	③	④	⑤
(5)	①	②	③	④	⑤

4

・フランス語の文 (1)〜(5) をそれぞれ3回ずつ聞いてください．
・(1)〜(5) の文にふさわしい絵を，それぞれ ①, ② から選び，解答欄のその番号にマークしてください．
（メモは自由にとってかまいません）

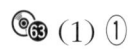

(1) ① ②

(2) ① 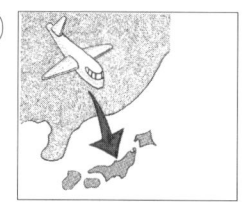 ②

(3) ①  ②

(4) ①  ②

(5) ①  ②

解答番号	解答欄
(1)	① ②
(2)	① ②
(3)	① ②
(4)	① ②
(5)	① ②

模擬試験 1・解答と解説

筆記試験 (60 点)

1 解説

(1)「それは私の大学です．」université は女性名詞だが，母音で始まるから「私の」は ma ではなく mon．

(2)「その教会はとても美しい．」形容詞 belle が女性形だから église は女性名詞と考える．指示形容詞の女性形は cette．

(3)「私の鞄に数冊の本がある．」livre に s がつき複数形だから不定冠詞は des．

(4)「彼は学校から出るところだ．」école は女性形だが母音で始まっているので定冠詞はエリズィヨンして l'．

(5)「我々の仕事を終えよう．」Finissons は finir「終える」の命令形．travail が単数形だから notre．nos は所有形容詞の複数形，nous は主語人称代名詞だから不可．

解答
(1) ②　　(2) ①　　(3) ①　　(4) ①　　(5) ③　　　　(10 点)

2 解説

(1)「あなたは朝食を取りますか？」不定形は prendre．vous の活用語尾は -ez．

(2)「彼は毎日森の中を歩く．」不定形は marcher．第一群規則動詞の 3 人称単数形の語尾は -e．

(3)「彼はフランスに出発しようとしている．」近接未来形．aller の後は動詞の不定形がくる．

(4)「試験のためにしっかり勉強しなよ．」tes examens とあるから tu に対する命令形．-er 動詞の場合，語尾の -s が脱落する．
(5)「君は何が欲しいんだい？」不定形は vouloir. tu の活用語尾は -x.

解答
(1) ② (2) ① (3) ③ (4) ③ (5) ① (10点)

3 解説

(1) C'est une très (belle) photo. 形容詞を修飾する très は形容詞の前にくる．belle は名詞の前に置かれる形容詞．
(2) Il boit beaucoup (d') eau. beaucoup de ～「沢山の～」その後は無冠詞名詞がくる．de は母音の前でエリズィヨンして d' になる．
(3) Il ne faut (pas) venir avant midi. il ne faut pas ～「～してはいけない」は非人称構文．
(4) Il est toujours avec (son) petit frère.「弟」は petit frère. 所有形容詞 son は petit の前にくる．avec「～と」．

解答
(1) ① (2) ③ (3) ② (4) ③ (8点)

4 解説

(1)「今日の午後何をしますか？」 Qu'est-ce que vous faites? だけなら職業を尋ねる言い方にもなるが cet après-midi「今日の午後」とあるから ② は不可．
(2)「あなたは肉が好きではないんですか？」 否定疑問文で聞かれた場合，肯定で答えるなら si を使う．
(3)「どの国が好きですか？」 ① の le français は「フランス語」だから ② の「私はフランスが好きです．」が正解．

(4)「あなたはどうやって家に帰りますか？」① は「3 時に．」，② は「車で．」だから，Comment?「どうやって？」に対する答えは ② がふさわしい．

解 答

(1) ①　(2) ②　(3) ②　(4) ②　　　　　　　　　　　　　　　　　　　(8 点)

5　**解 説**

(1) ① 両親　　　　② イタリア人　　　③ 作家
(2) ① 書斎　　　　② バイク　　　　　③ 船
(3) ① 客間　　　　② 従兄弟　　　　　③ 俳優
(4) ① 木　　　　　② 金　　　　　　　③ チーズ

解 答

(1) ③　(2) ①　(3) ②　(4) ③　　　　　　　　　　　　　　　　　　　(8 点)

6　**解 説**

(1) ①「彼は子供たちと一緒だ．」②「彼は子供と一緒だ．」① は複数，② は単数．
(2) ①「それは一人の女子学生です．」②「それは女子学生たちです．」① は単数，② は複数．
(3) ①「まっすぐ行きなさい．」②「右に曲がりなさい．」droit は「まっすぐ」，droite は「右」．e の有無で意味が異なる．
(4) ①「元旦です．」②「12 月 24 日です．」② はクリスマスイヴ．

解 答

(1) ①　(2) ②　(3) ①　(4) ②　　　　　　　　　　　　　　　　　　　(8 点)

7　**解 説**

訳　ジャック：今日の午後何をしようか？

アンヌ： 今日はとても天気がいいわ．テニスをしましょうか．

ジャック：いや，今日は僕は疲れているんだ．

アンヌ： じゃあ，映画に行きましょうか．

ジャック：うん，でもお金があまりないんだ．

アンヌ： いい考えがあるわ．リュクサンブール公園のコンサートを見に行きましょう．いいでしょう？

ジャック：君がそうしたいなら．

(1) 「とても天気がいい」は非人称構文で Il (fait) très beau.
(2) 文脈から言って ① の「疲れている」が正解．content「満足している」，riche「金持ちだ」は意味が通じない．
(3) Je (n'ai pas) assez d'argent.「お金はあまりもっていない．」
(4) Si tu (veux).「君が望むなら．」vouloir の活用形の veux が正解．

解 答
(1) ③　　(2) ①　　(3) ③　　(4) ②　　　　　　　　　　　(8 点)

聞き取り (40 点)

1　解 説 🎧48 🎧49

(CD で読まれるテキスト)

(1) Où est ton frère?「君のお兄さん（弟さん）はどちらにいるの？」
　　① 「彼は小さい．」　　　　② 「彼は学校にいるよ．」
(2) Comment vous appelez-vous?「あなたの名前はなんですか？」
　　① 「私はとても元気です．」　② 「私はジャック・デュポンといいます．」
(3) Vous habitez où?「あなたはどこに住んでいますか？」
　　① 「私はパリに住んでいます．」② 「彼はパリに住んでいます．」
(4) À quelle heure partez-vous?「何時に出発しますか？」
　　① 「私は正午に出発します．」　② 「私は正午に到着します．」

(5) Il va bien ? 「彼は元気ですか？」
　　① 「いいえ，彼はレストランに行きます．」　② 「元気だと思います．」

解 答

(1) ②　　(2) ②　　(3) ①　　(4) ①　　(5) ②　　　　　　　　　（10 点）

2　解 説　🎧50 🎧51

(CD で読まれるテキスト)

(1) Dix croissants, s'il vous plaît.　　「クロワッサンを10個ください．」
(2) Il va au cinéma trois fois par semaine.
　　　　　　　　　　　　　　　　　「彼は週3回映画に行きます．」
(3) Il habite ici depuis six ans.　　「彼は6年前からここに住んでいます．」
(4) Je finis mon travail à dix-neuf heures.
　　　　　　　　　　　　　　　　　「私は19時に仕事を終えます．」
(5) Ça coûte cinq euros.　　　　　　「それは5ユーロです．」

解 答

(1) **10**　　(2) **3**　　(3) **6**　　(4) **19**　　(5) **5**　　　　　（10 点）

3　解 説　🎧52 🎧53

(CD で読まれるテキスト)

(1) Viens vite !　　　　　　　「すぐに来て！」
(2) J'ai froid.　　　　　　　　「私は寒い．」
(3) Voici la clef.　　　　　　「ほら，鍵です．」
(4) Bon voyage !　　　　　　「よいご旅行を！」
(5) Monte dans la voiture !　「車に乗って！」

解 答

(1) ④　　(2) ①　　(3) ②　　(4) ⑤　　(5) ③　　　　　　　　　（10 点）

4 解 説 🎧54 🎧55

（CDで読まれるフランス語）

(1) Il y a des arbres dans le jardin.　「庭に何本かの木があります.」
(2) Il n'est plus jeune.　　　　　　　「彼はもう若くない.」
(3) Il fait très chaud.　　　　　　　　「とても暑い.」
(4) Pierre est aussi grand que Paul.　「ピエールはポールと同じくらい背が高い.」
(5) Il y a un chien devant la maison.「家の前に犬が一匹います.」

解　答

(1) ①　　(2) ②　　(3) ②　　(4) ①　　(5) ②　　　　　　　　　（10点）

合計　☐

模擬試験 2・解答と解説

筆記試験 (60点)

1 解　説

(1) 「それは君のノートなの？ —うん，僕のノートだよ．」「僕の」は mon.
(2) 「このアパルトマンは大きいね．」 grand が男性形だから，appartement は男性形とわかる．そして母音で始まっているから cet になる．
(3) 「彼女は緑色のスカートをはいている．」 verte は女性単数形．だから jupe につく冠詞も女性単数形で une になる．
(4) 「彼は午後病院に行く．」 hôpital は無音の h で始まるので le がエリジオンして l' になる．
(5) 「塩を少しください．」「少しの〜」は un peu de 〜. 後は無冠詞名詞．

解　答
(1) ②　(2) ②　(3) ①　(4) ③　(5) ②　　　　　　　　(10点)

2 解　説

(1) 「今日は天気が悪い．」 天候を表すときは非人称構文を使って il fait 〜.
(2) 「君はいつ帰るの？」「帰る」の不定形は rentrer. tu の活用語尾は -es.
(3) 「彼は試験を終えたところだ．」 近接過去形《venir de 〜》の後は動詞の不定形がくる．
(4) 「子供たちよ，よく聞きなさい．」 相手は子供だが複数なので écouter の vous に対する命令形になる．
(5) 「それらの木は何ですか？」 動詞の être を使う．

解　答
(1) ②　(2) ②　(3) ①　(4) ③　(5) ②　　　　　　　　(10点)

3 解説

(1) Regardez cette (jolie) fleur. jolie は名詞の前にくる形容詞．指示形容詞は品質形容詞の前におかれる．
(2) C'est l'(ami) de Pierre. 「～の友達」は l'ami de ～．
(3) Il n'y (a) plus de vin dans la bouteille. 「もう～ない」は ne ～ plus. de は否定文中の部分冠詞 du の変化形．
(4) J'ai (besoin) de ce dictionnaire. avoir besoin de ～ は「～が必要だ」という熟語．

解答

(1) ①   (2) ③   (3) ①   (4) ②   (8点)

4 解説

(1) 「私の鍵はどこにありますか？」「私の鍵」ma clef は女性形だから elle でうける ① の「テーブルの上にあります．」が正解．
(2) 「誰が明日来るんですか？」 oui か non かで答える疑問文ではない．① の「ロランです」が正解．
(3) 「彼女はフランス人ですか？」と国籍を尋ねている．① は「はい，彼女はフランス語が好きです．」だから不適切．
(4) 「彼は何歳ですか？」① の Il y a dix ans. は「10年前．」という言い方で不適切．② の「8歳です．」が正解．

解答

(1) ①   (2) ①   (3) ②   (4) ②   (8点)

5 解説

(1) ① 東   ② 1月   ③ 火曜日
(2) ① りんご   ② 雨   ③ バラ

(3) ① 白   ② ビール   ③ 北
(4) ① 帽子   ② 黄色   ③ 脚

解答
(1) ①   (2) ②   (3) ①   (4) ③   (8点)

6 **解説**

(1) ①「彼は学校から帰る．」②「彼は学校へ行く．」rentrer de ～ は「～から帰る」，aller à ～ は「～へ行く」
(2) ①「彼女は眼鏡をかけていない．」②「彼女は帽子をかぶっていない．」de は不定冠詞の否定文中の変化形．
(3) ①「雪が降っていてとても寒い．」 ②「晴れていてとても暑い．」天候を表す非人称構文．
(4) ①「ポールはシルヴィの弟．」②「シルヴィはポールの娘．」

解答
(1) ①   (2) ②   (3) ②   (4) ①   (8点)

7 **解説**

訳　ジャック：誕生日おめでとう．ほら君へのささやかなプレゼントだよ．
　　ミレイユ：ご親切に，どうもありがとう，ジャック．
　　ジャック：どういたしまして．
　　ミレイユ：あけてもいい？
　　ジャック：もちろんさ．
　　ミレイユ：あっ，ドレスだわ．なんてきれいでしょう！
　　ジャック：気に入ったかい？
　　ミレイユ：ええ，とっても．あらためてお礼を言うわ，ジャック．

(1)「君への～」前置詞は pour を用いる．

(2) お礼を言われたときの返事は De rien.「どういたしまして．」，Pardon. は「すみません．」，Pas mal. は「悪くないね．」

(3) ③の Bien sûr.「もちろん．」が適切．Mais non. は「だめだ．」，Merci bien. は「ありがとう．」でともに文脈から言って不適切．

(4) Que…! で感嘆文になる．「なんてきれいでしょう！」 動詞は être が適切．

| 解　答 |

(1) ②　　(2) ①　　(3) ③　　(4) ②　　　　　　　　　　(8 点)

聞き取り (40 点)

1　| 解　説 |　🎧56　🎧57

(CD で読まれるフランス語)

(1) C'est ta maison?「これは君の家なの？」
　　①「いや，僕の家だよ．」　　②「うん，僕の家だよ．」
(2) Vous êtes étudiant?「あなたは学生ですか？」
　　①「いいえ，新聞記者です．」　②「いいえ，学生です．」
(3) Où allez-vous?「あなたはどこへ行きますか？」
　　①「私は駅に行きます．」　　②「私は駅から来ました．」
(4) Quel temps fait-il?「どんな天気ですか？」
　　①「彼は料理をします．」　　②「雨が降っています．」
(5) Il vient quand?「彼はいつ来ますか？」
　　①「明日だと思います．」　　②「昨日だと思います．」

| 解　答 |

(1) ②　(2) ①　(3) ①　(4) ②　(5) ①　　　　　　　(10 点)

2 解説

(CDで読まれるフランス語)

(1) Il y a six pièces chez moi.	「私の家には6つの部屋があります。」
(2) Il travaille onze heures par jour.	「彼は1日に11時間働きます。」
(3) J'ai cinq frères.	「私には5人兄弟がいます。」
(4) Quinze timbres, s'il vous plaît.	「切手を15枚下さい。」
(5) Ça fait neuf euros.	「9ユーロになります。」

解答

(1) **6**　　(2) **11**　　(3) **5**　　(4) **15**　　(5) **9**　　　　(10点)

3 解説

(CDで読まれるフランス語)

(1) J'ai mal à la tête.	「私は頭が痛い。」
(2) Bon anniversaire!	「誕生日おめでとう!」
(3) Tiens, il pleut.	「あれ、雨だ。」
(4) Tu es grand!	「君って背が高いね!」
(5) Fermez la porte!	「ドアを閉めてください!」

解答

(1) ③　　(2) ①　　(3) ⑤　　(4) ④　　(5) ②　　　　(10点)

4 解説

(CDで読まれるフランス語)

(1) Elle a les cheveux courts.	「彼女は髪が短い。」
(2) Il vient d'arriver à Paris.	「彼はパリに着いたところだ。」
(3) Il fait froid, mais il ne neige pas.	「寒いが雪は降っていない。」
(4) Le chat est sous la chaise.	「猫は椅子の下にいる。」

(5) C'est une chanteuse. 「それは女性歌手です.」

解　答
(1) ①　　(2) ②　　(3) ①　　(4) ②　　(5) ②　　　　　　（10 点）

合計

出題頻度の高い単語リスト

（男）男性名詞，（女）女性名詞，（動）動詞，（前）前置詞，（固）固有名詞，（名）名詞，（形）形容詞，（副）副詞，（接）接続詞，（数）数詞，（複）複数，（疑副）疑問副詞

A

- ☐ à　　　　　　　　　　　　　（前）〜に，〜へ，〜で
- ☐ à ce soir　　　　　　　　　　ではまた今晩
- ☐ à demain　　　　　　　　　　ではまた明日
- ☐ à tout à l'heure　　　　　　　ではまた後ほど
- ☐ d'accord　　　　　　　　　　賛成，わかりました
- ☐ acheter (j'achète, tu achètes, il achète, nous achetons, vous achetez, ils achètent)　（動）買う　◇第1群規則動詞の変形
- ☐ âge　　　　　　　　　　　　（男）年齢　Quel âge avez-vous? 何歳ですか？
- ☐ aimer (j'aime, tu aimes, il aime, nous aimons, vous aimez, ils aiment)　（動）愛する・好む　◇第1群規則動詞
  J'aime les chats. 私は猫が好きです。(定冠詞)
- ☐ air　　　　　　　　　　　　（男）様子　avoir l'air＋形　〜のようにみえる
  Il a l'air très fatigué.
  　彼はとても疲れた様子だ．
- ☐ Allemagne　　　　　　　　　（固）（女）ドイツ
- ☐ aller (je vais, tu vas, il va, nous allons, vous allez, ils vont)　（動）行く，（＋不定詞）〜しに行く，〜するところだ（近接未来）
  aller à Paris　　　　パリに行く
  aller en France　　　フランスに行く
  aller au Canada　　　カナダに行く
  aller aux États-Unis　米国に行く
  Comment allez-vous? お元気ですか？
  Ça va? 元気？　だいじょうぶ？
  Qu'est-ce qu'on va faire ce soir?
  　今晩何をする？
- ☐ allô　　　　　　　　　　　　（間）もしもし

- [ ] **alors** (副) それなら，さあ，その時
- [ ] **Amérique** (固)(女) アメリカ
- [ ] **ami(e)** (名) 友達　un ami　男友達
　　　　　　　　　　une amie　女友達
- [ ] **amour** (男) 愛
- [ ] **an** (男) 年（時間の単位），歳
　　　J'ai 20 ans.　私は二十歳です．
　　　tous les ans　毎年
- [ ] **ancien(ne)** (形) 古い，昔の
- [ ] **Angleterre** (固)(女) イギリス
- [ ] **animal** (複 animaux) (男) 動物
- [ ] **année** (女) （暦の）年，一年間
　　　cette année　　今年
　　　l'année dernière　　去年
　　　l'année prochaine　来年
- [ ] **août** (男) 8月　en août　8月に
- [ ] **appartement** (男) アパート・マンション
- [ ] **s'appeler** (動) 〜という名前だ　◇第1群規則動詞の変形
　　　Comment vous appelez-vous?　お名前は？
　　　— Je m'appelle…　〜といいます
- [ ] **apporter** (動) もってくる
- [ ] **apprendre** (j'apprends, vous apprenez) (動) 習う　◇活用は prendre と同型
　　　apprendre le français　フランス語を習う
- [ ] **après** (前) 〜の後で　Après vous!　お先にどうぞ
- [ ] **après-midi** (男) 午後　cet après-midi　今日の午後
- [ ] **arbre** (男) 木
- [ ] **argent** (男) お金
　　　Tu as de l'argent?　お金ある？（部分冠詞）
- [ ] **arrêter** (動) 止める
- [ ] **arriver** (動) 到着する
- [ ] **Asie** (固)(女) アジア
- [ ] **s'asseoir** (動) 座る　Asseyez-vous.　お座りください．
- [ ] **assez** (副) 充分に，かなり
- [ ] **attendre** (j'attends, tu attends, il attend, nous attendons, vous attendez, ils attendent) (動) 待つ
　　　Attendez un moment.　少し待ってください．

☐ **attention**	（女）注意　Attention! 気をつけて！
☐ **au** (à+le)	（前置詞と定冠詞の縮約）
☐ **au revoir**	さようなら
☐ **aujourd'hui**	（副）今日
☐ **aussi**	（副）〜も　Moi aussi. 私も.
	aussi＋形（副）＋que（同等比較）
	〜と同じくらい
☐ **autant**	（副）同じくらい
☐ **automne**	（男）秋　en automne　秋に
	cet automne　この秋
☐ **autre**	（形）別の　autre chose　別のもの
☐ **aux** (à+les)	（前置詞と定冠詞の縮約）
☐ **avant**	（前）〜の前に
☐ **avec**	（前）〜と一緒に
☐ **avion**	（男）飛行機　par avion　航空便で
☐ **avoir** (j'ai, tu as, il a, nous avons, vous avez, ils ont)	（動）持つ　avoir … an(s)　〜歳である
	avoir mal à …　〜が痛い
	avoir faim　　腹が減った
	avoir soif　　のどが渇いた
	avoir raison　正しい
	avoir tort　　間違っている
☐ **avril**	（男）四月

B

☐ **bas(se)**	（形）低い
☐ **bateau** (複 x)	（男）船
☐ **beau** (bel) / **belle**	（形）美しい　Il fait beau. 天気がいい.
☐ **beaucoup**	（副）大いに　beaucoup de＋無冠詞名詞　多くの〜
	Merci beaucoup. どうもありがとう.
	Il y a beaucoup de musées à Paris.
	パリにはたくさんの美術館がある.
☐ **bébé**	（男）赤ん坊
☐ **Belgique**	（固）（女）ベルギー
☐ **besoin**	（男）欲求　avoir besoin de …　〜が必要である
☐ **bien**	（副）よく, 上手に　Il chante bien. 彼は歌がうまい.
☐ **bientôt**	（副）まもなく　À bientôt. またね.

☐ **billet**	（男）	チケット
☐ **blanc / blanche**	（形）	白い
☐ **bleu(e)**	（形）	青い
☐ **blond(e)**	（形）	金髪の
☐ **boire** (je bois, tu bois, il boit, nous buvons, vous buvez, ils boivent)	（動）	飲む
☐ **bois**	（男）	森・林，木材
☐ **bon / bonne**	（形）	よい，おいしい
		C'est bon!　　　おいしい！
		Bon voyage!　　よい旅を！
		Bonne année!　 新年おめでとう！
		Bonnes vacances! よいヴァカンスを！
☐ **bon**	（間）	わかりました，さて（話題の転換）
		Ah bon?　あ，そうなの？
☐ **bonjour**	（男）	おはよう，こんにちは
☐ **bonsoir**	（男）	こんばんは
☐ **bruit**	（男）	騒音
☐ **bureau** (複 x)	（男）	事務所，机

C

☐ **cadeau** (複 x)	（男）	プレゼント
☐ **café**	（男）	コーヒー，カフェ
☐ **cahier**	（男）	ノート
☐ **camarade**	（名）	仲間
☐ **Canada**	（固）（男）	カナダ
☐ **campagne**	（女）	田舎
☐ **capitale**	（女）	首都
☐ **car**	（接）	何故なら
☐ **ça**	（代）	それ　Avec ça?（店員が客に）他には何か？
		Ça va.　元気です　大丈夫です．
		C'est ça.　そのとおりです．
☐ **ce**	（指示代名詞）	これ　c'est [ce sont]＋名詞
		これは［これらは］〜です
		C'est la vie. それが人生さ．
		C'est tout.　それですべてです．

- [ ] **ce** (cet) **/ cette / ces** （指示形容詞）この，あの，その
- [ ] **cent** （数）100
- [ ] **chaise** （女）いす
- [ ] **chambre** （女）寝室，（ホテルの）部屋
  Est-ce que vous avez une chambre pour cette nuit? 今晩部屋ありますか？
- [ ] **Chamonix** （固）シャモニー
- [ ] **chance** （女）チャンス　avoir de la chance　ついている
- [ ] **changer** （動）変える　(de...) を変える
- [ ] **chanson** （女）歌
- [ ] **chanter** （動）歌う
- [ ] **chapeau** (複x) （男）帽子
- [ ] **chaque** （形）おのおの，毎　chaque fois　毎回
  chaque jour　毎日
- [ ] **chat(te)** （名）猫
- [ ] **château** (複x) （男）城
- [ ] **chaud(e)** （形）暑い　（男）暑さ
  avoir chaud　暑く感じる
  Il fait chaud. 暑い（気温が高い）．
- [ ] **chaussures** （女・複）靴
- [ ] **cher /chère** （形）高い，大切な　Ce n'est pas cher. それは安い．
- [ ] **chercher** （動）探す
  aller chercher
  　（人を）迎えに行く，（ものを）取りに行く
- [ ] **chemin** （男）道
- [ ] **cheval** (複chevaux) （男）馬
- [ ] **chez** （前）〜の家で
  Allô, je suis bien chez M. Martin?
  　もしもし，マルタンさんのお宅ですか？
- [ ] **chien / chienne** （名）犬
- [ ] **Chine** （固）（女）中国
- [ ] **choisir** (je choisis, tu choisis, il choisit, nous choisissons, vous choisissez, ils choisissent) （動）選ぶ　第2群規則動詞
- [ ] **chose** （女）もの　J'ai beaucoup de choses à faire.
  私にはすべきことがたくさんある．

☐ **cinéma** (男) 映画　aller au cinéma　映画を見に行く
☐ **cinq** (数) 5
☐ **classe** (女) クラス　en classe　授業中に
　　　　　　　　　après la classe　放課後
☐ **clé** (女) 鍵
☐ **cœur** (男) 心
☐ **coin** (男) 角・隅　au coin de la rue　通りの角で
☐ **combien** (副) いくら，いくつ　(男) le ～ 何日，何番目
　　combien de＋無冠詞名詞
　　　どれだけの（数・量）
　　C'est combien?　　いくらですか？
　　Ça fait combien?　いくらになりますか？
　　Vous êtes combien?　何名様ですか？
　　Le combien sommes-nous aujourd'hui?
　　　今日は何日？
☐ **comme** (接) ～として，～のような
　　comme ça　　このような
　　Comme tu vois.　見ての通り．
　　Qu'est-ce que vous prenez comme dessert?　デザートは何にしますか？
☐ **commencer** (動) 始まる，(à＋不定詞) ～し始める
　（nous commençons に注意）
☐ **comment** (副) どのように（手段・様態），なんですって
　　Comment ça va?　元気ですか？
　　Comment va votre père?
　　　お父さんはお元気ですか？
　　Il est comment?　彼はどういう人ですか？
　　Comment faire?　どうしたらいいのだろう？
☐ **comprendre** (je comprends, (動) 理解する　◇活用は prendre と同型
　　vous comprenez)
☐ **connaître** (je connais, (動) （人や場所を）知っている
　　tu connais, il connaît,　　Connaissez-vous Nice?
　　nous connaissons,　　　ニースに行ったことがありますか？
　　vous connaissez,
　　ils connaissent)

☐ content(e)	（形）満足した
☐ côté	（男）側　à côté de... ～の隣に
☐ coucher (se coucher)	（動）寝かせる（寝る）
☐ couleur	（女）色
☐ coup	（男）打つこと　tout à coup　突然 du coup　その結果
☐ courage	（男）勇気　Bon courage!　がんばって！ Du courage!　元気を出して！
☐ courir (je cours, tu cours, il court, nous courons, vous courez, ils courent)	（動）走る
☐ courses	（女・複）買物　faire des courses　買物をする
☐ court(e)	（形）短い
☐ coûter	（動）値段である Ça coûte combien?　それはいくらですか？
☐ cravate	（女）ネクタイ
☐ crayon	（男）鉛筆
☐ croire (je crois, tu crois, il croit, nous croyons, vous croyez, ils croient)	（動）思う，(à＋名詞) を信じる Tu crois?　本当にそう？
☐ cuisine	（女）料理，台所　faire la cuisine　料理をする

D

☐ dans	（前）の中，（今から～）後に
☐ danser	（動）踊る
☐ de	（前）～の，～から
☐ debout	（副）立って　Elle est debout. 彼女は立っている．
☐ décider	（動）決める，(de) を決める
☐ décembre	（男）12月
☐ déjà	（副）もう
☐ déjeuner	（男）昼食　（動）昼食をとる petit déjeuner　朝食
☐ demain	（副）明日　demain matin　明日の朝
☐ demander	（動）頼む
☐ demi(e)	（形）半分　（男）生ビール Il est une heure et demie.　一時半です．

- □ **dent** （女）歯　avoir mal aux dents　歯が痛い
- □ **depuis** （前）〜以来　depuis deux ans　2年前から
  depuis hier　昨日から
  depuis quand?　いつから？
- □ **dernier / dernière** （形）最後の，最新の　la semaine dernière　先週
- □ **des** (de+les) （前置詞と定冠詞の縮約）
- □ **descendre** (je descends, tu descends, il descend, nous descendons, vous descendez, ils descendent) （動）降りる
- □ **deux** （数）2
- □ **devant** （前）〜の前で
- □ **devenir** (je deviens, il devient, vous devenez, ils deviennent) venir と同型 （動）になる
  Que voulez-vous devenir?
  　何になりたいのですか？
- □ **devoir** (je dois, tu dois, il doit, nous devons, vous devez, ils doivent) （動）devoir+不定詞
  　〜しなければならない，に違いない
  Je dois partir.　もう行かなければいけません．
- □ **devoir** （男）宿題，義務
  Je dois finir mes devoirs avant mardi.
  　宿題を火曜日までに終えなければならない．
- □ **dictionnaire** （男）辞書
- □ **difficile** （形）難しい
- □ **dimanche** （男）日曜日
- □ **dîner** （動）夕食をとる
- □ **dire** (je dis, tu dis, il dit, nous disons, vous dites, il disent) （動）言う
  Comment dit-on … en japonais?
  　〜は日本語で何というのですか？
- □ **dix** （数）10
- □ **dix-huit** （数）18
- □ **docteur** （男）医師，先生（呼びかけ）
- □ **dormir** (je dors, tu dors, il dort, nous dormons, vous dormez, dorment) （動）眠る
- □ **douzaine** （女）ダース　une douzaine d'œufs　1ダースの卵

出題頻度の高い単語リスト　215

- [ ] **donner**　（動）（もの à 人）〜に〜を与える
  Je te donne ces fleurs.
  　これらの花をきみに贈ります．
  （動）（sur ...）に面している
- [ ] **douze**　（数）12
- [ ] **doux / douce**　（形）甘い・やわらかな
- [ ] **droit**　（副）まっすぐに
  Allez tout droit.　まっすぐ行きなさい．
- [ ] **droit(e)**　（形）右の
- [ ] **droite**　（女）右　Tournez à droite.　右にまがりなさい．
- [ ] **du / de la**　（部分冠詞）
- [ ] **du** (de＋le)　（前置詞と定冠詞の縮約）

E

- [ ] **eau**　（女）水　Donne-moi de l'eau, s'il te plaît.
  　水をちょうだい（部分冠詞）．
- [ ] **école**　（女）学校　aller à l'école　学校に行く
- [ ] **écouter**　（動）（注意して）聞く
- [ ] **écrire** (j'écris, tu écris, il écrit, nous écrivons, vous écrivez, ils écrivent)　（動）書く，（直接目的語なしで）手紙を書く
- [ ] **église**　（女）教会
- [ ] **eh**　（間）ねぇ
- [ ] **élève**　（名）生徒
- [ ] **elle**　（人称代名詞）彼女（は），それ（は）
- [ ] **en**　（前）〜に，（時間）で
  en France　　フランスに（では）
  en trois jours　三日で
  en janvier　　一月に
  en 1968　　　1968年に
- [ ] **encore**　（副）なお，まだ　Pas encore.　　まだ．
  　　　　　　　　encore une fois　もう一度
- [ ] **enfant**　（名）子供　un enfant　男の子
  　　　　　　　une enfant　女の子
- [ ] **ensemble**　（副）一緒に

- [ ] **entendre** (j'entends, tu entends, il entend, nous entendons, vous entendez, ils entendent)　（動）（〜が）聞こえる
- [ ] **entre**　（前）〜の間
- [ ] **entrer**　（動）入る　Entrez. お入りください.
- [ ] **envoyer** (j'envoie, tu envoies, il envoie, nous envoyons, vous envoyez, ils envoient)　（動）送る
- [ ] **Espagne**　（固）（女）スペイン
- [ ] **essayer** (j'essaie, tu essaies, il essaie, nous essayons, vous essayez, ils essaient)　（動）試す,（de＋不定詞）〜を試みる　Je peux essayer cette robe? このドレスを試着していいですか？
- [ ] **et**　（接）と
- [ ] **États-Unis**　（固）（男・複）合衆国, aux États-Unis（〜に）
- [ ] **été**　（男）夏　en été 夏に, cet été この夏
- [ ] **être** (je suis, tu es, il est, nous sommes, vous êtes, ils sont)　（動）〜である,〜がある（いる）(à...) のものである（所属）　Je suis étudiant. 私は学生です.　C'est à moi. それは私のものです.
- [ ] **étudiant(e)**　（名）学生
- [ ] **étudier**　（動）勉強する
- [ ] **euh**　（間）えーと
- [ ] **eux**　（人称代名詞強勢形）彼ら, それら
- [ ] **Europe**　（固）（女）ヨーロッパ
- [ ] **examen**　（男）試験　examen de français フランス語の試験
- [ ] **Excusez-moi.**　すみません.
- [ ] **exemple**　（男）例　par exemple 例えば

F

- [ ] **face**　（女）正面　C'est juste en face. それはすぐ向いです.　en face de... 〜の正面に
- [ ] **facile**　（形）易しい

☐ **facilement**	（副）簡単に
☐ **façon**	（女）やり方　de toute façon　いずれにせよ
☐ **faim**	（女）飢え　avoir faim　腹がへった
☐ **faire** (je fais, tu fais, il fait, nous faisons, vous faites, ils font)	（動）する，つくる faire la cuisine　料理をする faire du tennis　テニスをする（部分冠詞） Qu'est-ce qu'on va faire ce soir? 　今晩何をしようか？ Il fait beau.　天気がいい．
☐ **falloir** (il faut)（非人称動詞）	（il faut＋名詞）〜が必要である Il faut 12 heures pour aller de Tokyo à Paris. 東京からパリに行くには12時間かかる． （il faut＋不定詞）〜しなければならない Il faut partir tout de suite. 　すぐに出発しなければならない．
☐ **famille**	（女）家族
☐ **fatigué(e)**	（形）疲れた
☐ **femme**	（女）女，妻　◇発音は [fam]
☐ **fenêtre**	（女）窓
☐ **fermer**	（動）閉める，閉る
☐ **fête**	（女）祝日，パーティ
☐ **février**	（男）2月
☐ **fille**	（女）少女，娘
☐ **film**	（男）映画作品
☐ **fils**	（男）息子　◇発音は [fis]
☐ **finir** (je finis, tu finis, il finit, nous finissons, vous finissez, ils finissent)	（動）終る，（de＋不定詞）〜するのをやめる ◇第2群規則動詞
☐ **fleur**	（女）花
☐ **fois**	（女）回　une fois　一度
☐ **forêt**	（女）森
☐ **fort(e)**	（形）強い （副）強く Parlez plus fort. 　もっと大きな声で話しなさい．

- ☐ **fou (fol) / folle** （形）ばかな
- ☐ **franc** （男）フラン（貨幣単位）
- ☐ **français(e)** （形）フランス（人）の
  （男）フランス語
- ☐ **France** （固）（女）フランス
- ☐ **frapper** （動）打つ　frapper à la porte　ドアをノックする
- ☐ **frère** （男）兄・弟
- ☐ **froid(e)** （形）寒い　（男）寒さ
  avoir froid　寒く感じる
  Il fait froid.　寒い（気温が低い）．
- ☐ **fromage** （男）チーズ
  Voulez-vous du fromage?
  　チーズはいかがですか？（部分冠詞）

G

- ☐ **garçon** （男）少年，ウェイター
- ☐ **gare** （女）（鉄道の）駅　◇地下鉄の駅は station
- ☐ **gâteau** （男）ケーキ
- ☐ **gauche** （形）左の　（女）左　à gauche　左に
- ☐ **gens** （男・複）人々
- ☐ **gentil(le)** （形）親切な　C'est gentil. ご親切に．
- ☐ **gorge** （女）のど
- ☐ **grand(e)** （形）大きな，偉大な，背が高い
- ☐ **grand-mère** （女）祖母
- ☐ **grand-père** （男）祖父
- ☐ **grands-parents** （男・複）祖父母
- ☐ **Grèce** （女）（女）ギリシャ
- ☐ **gris(e)** （形）灰色の
- ☐ **gros(se)** （形）太った

H

- ☐ **habiter** （動）住む
  Où habitent vos parents?
  　ご両親はどちらにお住いですか？
  Ils habitent à Osaka.　大阪に住んでいます．

- [ ] **haut(e)** (形) 高い
- [ ] **heure** (女) 時間
  - à quelle heure?　何時に？
  - Quelle heure est-il?　今何時ですか？
  - Vous avez l'heure?　時間わかりますか？
- [ ] **heureux / heureuse** (形) 幸せな
- [ ] **hier** (副) 昨日
- [ ] **histoire** (女) 歴史，話
- [ ] **hiver** (男) 冬　en hiver　冬に　cet hiver　この冬
- [ ] **Hollande** (固)(女) オランダ
- [ ] **homme** (男) 男，人間
- [ ] **hôpital** (男) 病院
- [ ] **hôtel** (男) ホテル
- [ ] **huit** (数) 8

I

- [ ] **ici** (副) ここ　Viens ici!　こっちへ来て！
  - Par ici.　こちらへどうぞ．
  - C'est tout près d'ici.　それはここのすぐ近くです．
- [ ] **il** (人称代名詞) 彼は，それは
- [ ] **il y a** 〜がある　il n'y a pas...　〜がない
  - Il y a une voiture devant la masion.
  - 家の前に車がある．
  - 〜前　il y a trois jours　三日前
- [ ] **idée** (女) 考え
  - C'est une bonne idée.　それはいい考えだ．
- [ ] **ils** (人称代名詞) 彼らは，それらは
- [ ] **important(e)** (形) 重要な
- [ ] **impossible** (形) 不可能な
- [ ] **intelligent(e)** (形) 知的な
- [ ] **intéressant(e)** (形) 面白い
- [ ] **inviter** (動) 招待する
- [ ] **Iran** (固)(男) イラン　en Iran　イランに
- [ ] **Italie** (固)(女) イタリア

J

- ☐ **jamais** （副）決して ne…jamais 決して～ない
- ☐ **jambe** （女）脚（膝から足首）
- ☐ **janvier** （男）1月
- ☐ **Japon** （固）（男）日本　au Japon（～に）
- ☐ **japonais(e)** （形）日本（人）の
  （男）日本語
- ☐ **jardin** （男）庭，公園
- ☐ **jaune** （形）黄色の
- ☐ **je** （人称代名詞）私は
- ☐ **Je vous en prie.** どういたしまして．
  どうぞ．（勧め）
  　Asseyez-vous, je vous en prie.
  　　どうぞ，お座りください．
- ☐ **jeudi** （男）木曜日
- ☐ **jeune** （形）若い
- ☐ **joli(e)** （形）可愛い
- ☐ **jouer** （動）遊ぶ
  (de＋楽器) jouer du piano　ピアノを弾く
  (à＋ゲーム) jouer au tennis　テニスをする
- ☐ **jour** （男）日（時間の単位）
  　Quel jour sommes-nous?　何曜日ですか？
- ☐ **journal** （男）新聞
- ☐ **journée** （女）一日，昼間
  　Bonne journée!　よい一日を！
- ☐ **juillet** （男）7月
- ☐ **juin** （男）6月
- ☐ **jusque** （前）jusqu'à… まで
  　Ils travaillent jusqu'à midi.
  　　彼らは正午まで働く．
- ☐ **juste** （副）ちょうど

K

- ☐ **kilomètre** （男）キロメートル

L

- ☐ **là** (副) そこ être là 居る・在宅している
  Elle n'est pas là. 彼女はいません．
- ☐ **là-bas** (副) むこうに
- ☐ **laisser** (動) 残す
- ☐ **lait** (男) 牛乳 café au lait カフェオレ
- ☐ **laver** (se laver) (動) ～を洗う（体を洗う）
- ☐ **le / la / les** （定冠詞）
- ☐ **leçon** (女) レッスン
  leçon de français フランス語のレッスン
- ☐ **lendemain** (男) 翌日
- ☐ **léger / légère** (形) 軽い
- ☐ **lettre** (女) 手紙
- ☐ **leur / leurs** （所有形容詞）彼らの
- ☐ **lever** (動) 上げる，起す
- ☐ **libre** (形) 自由な，空いている
  Êtes-vous libre demain?
  明日空いていますか？
- ☐ **lire** (je lis, tu lis, il lit, nous lisons, vous lisez, ils lisent) (動) 読む，（目的語なしに）本を読む
  aimer lire 読書好きである
- ☐ **lit** (男) ベッド aller au lit ベッドに入る
  chambre à un lit シングルの部屋
- ☐ **livre** (男) 本
- ☐ **loin** (副) 遠くに loin de… ～から遠い
- ☐ **long(ue)** (形) 長い
- ☐ **longtemps** (副) 長い間
  (男) depuis longtemps ずっと以前から
- ☐ **lorsque** (接) ～の時に
- ☐ **lourd(e)** (形) 重い
- ☐ **Louvre** (固)(男) ルーヴル
  le musée du Louvre ルーヴル美術館
- ☐ **lui** （人称代名詞・強勢形）彼
- ☐ **lundi** (男) 月曜日

- ☐ **lycée** (男) 高校
- ☐ **Lyon** (固) リヨン

M

- ☐ **M.** (略) Monsieur… ～氏
- ☐ **madame** (女) ～夫人, 奥様
- ☐ **mademoiselle** (女) ～嬢, お嬢さん
- ☐ **magasin** (男) 店　grand magasin 百貨店
- ☐ **mai** (男) 5月
- ☐ **maintenant** (副) 今
- ☐ **main** (女) 手　à la main 手に
- ☐ **mais** (接) しかし
  (副) まさに（強調）　Mais oui. もちろん.
- ☐ **maison** (女) 家　à la maison 家に
- ☐ **mal** (男) 悪, 苦痛　(副) 悪く
  avoir mal à… ～が痛い
  Pas mal.　悪くない.
- ☐ **malade** (形) 病気の　(名) 病人
- ☐ **malheureux / malheureuse** (形) 不幸な
- ☐ **maman** (女) ママ
- ☐ **manger** (動) 食べる
  (nous mangeons と変形)
- ☐ **marchand(e)** (名) 商人
- ☐ **marcher** (動) 歩く, うまくいく
  Ton travail, ça marche?
  　仕事は, うまくいってる？
- ☐ **mardi** (男) 火曜日
- ☐ **marier** (se marier) (動) 結婚させる（結婚する）
- ☐ **mars** (男) 3月
- ☐ **matin** (男) 朝
  ce matin　　　　今朝
  huit heures du matin　午前8時
- ☐ **mauvais(e)** (形) 悪い　Il fait mauvais. 天気が悪い.
- ☐ **médecin** (男) 医師
- ☐ **meilleur(e)** (形) よりよい　（定冠詞とともに）一番よい

☐ mer	（女）	海
☐ merci	（男）	ありがとう
		Merci beaucoup.　どうもありがとう.
		Non, merci.　　　いえ結構です.
☐ mercredi	（男）	水曜日
☐ mère	（女）	母
☐ métro	（男）	地下鉄　aller en métro　　地下鉄で行く
		prendre le métro　地下鉄に乗る
		station de métro　地下鉄の駅
☐ mettre (je mets, tu mets, il met, nous mettons, vous mettez, il mettent)	（動）	置く，身につける
		mettre une lettre à la poste　手紙を投函する
		mettre son chapeau　　　　帽子をかぶる
☐ midi	（男）	正午　à midi 正午に
☐ mieux	（副）	よりよく　le mieux　一番よく（最上級）
☐ milieu	（男）	中央　au milieu de … 〜の真ん中に
☐ mille	（男）	1000
☐ million	（男）	100万
☐ minuit	（男）	午前0時　à minuit　0時に
☐ minute	（女）	分（時間の単位）
		Tu as une minute? ちょっと時間ある?
☐ Mlle	（略）	Mademoiselle　〜嬢
☐ Mme	（略）	Madame　〜夫人
☐ moi	（人称代名詞・強勢形）	私
☐ moins	（副）	より少なく　moins＋形（副）＋que（劣等比較）
		定冠詞＋moins　最も少なく（最上級）
	（前）	引く
		Il est cinq heures moins dix. 5時10分前.
☐ mois	（男）	1か月　tous les mois　　　毎月
		le mois prochain　来月
		au mois d'août　8月に
☐ moment	（男）	一瞬　Un moment!　ちょっと待って!
		en ce moment　今, 現在
		pour le moment　今のところは
☐ mon / ma / mes	（所有形容詞）	私の
☐ monsieur	（男）	〜氏（略語は M.），男の人
☐ montagne	（女）	山

☐ **monter**	（動）	登る，（乗物に）乗る
		monter en voiture　車に乗る
		monter dans le train　列車に乗る
		monter dans un taxi　タクシーに乗る
☐ **Montmartre**	（固）	モンマルトル
☐ **montre**	（女）	腕時計
☐ **montrer**	（動）	見せる
☐ **mort(e)**	（形）	死んだ
☐ **mot**	（男）	語
☐ **mourir**	（動）	死ぬ
☐ **musée**	（男）	美術館・博物館
☐ **musique**	（女）	音楽

N

☐ **neiger** (il neige)	（動）	雪が降る
☐ **neuf**	（数）	9
☐ **neuf / neuve**	（形）	新しい・新品の
		Tu mets ta robe neuve demain?
		明日は新しいドレスを着るの？
		Vous achetez une voiture neuve?
		新車を買うのですか？
☐ **ne**	（副）	〜ない　ne … pas　　　〜ない
		ne … pas encore　まだ〜ない
		ne … jamais　　決して〜ない
		ne … plus　　　もう〜ない
		ne … rien　　　何も〜ない
		ne … que 〜　　〜しか〜ない
☐ **ni**	（接）	(ne … ni … ni)　〜も〜もない
		Je ne bois ni café ni thé.
		私はコーヒーも紅茶も飲まない．
☐ **Nice**	（固）	ニース
☐ **noir(e)**	（形）	黒い
☐ **nom**	（男）	名前
☐ **non**	（副）	いいえ　Moi non plus. 私もそうではない．
☐ **nord**	（男）	北
☐ **notre / nos**	（所有形容詞）	私たちの

☐ **nous**	（人称代名詞）私たち（は）
☐ **nouveau** (nouvel) / **nouvelle**	（形）新しい
☐ **novembre**	（男）11月
☐ **nuit**	（女）夜　Bonne nuit!　おやすみなさい！

O

☐ **occupé(e)**	（形）ふさがっている
☐ **octobre**	（男）10月
☐ **œil** (複 yeux)	（男）眼
☐ **œuf**	（男）卵　◇複数形 œufs の発音は [ø]
☐ **oh**	（間）おお
☐ **oiseau** (複 x)	（男）鳥
☐ **O.K.**	（副・形）オーケー
☐ **on**	（代）人は，私たちは，誰かが　◇動詞は3人称単数形
☐ **oncle**	（男）おじ
☐ **onze**	（数）11
☐ **ou**	（接）もしくは
☐ **où**	（副）どこ　Où allez-vous cet été?　この夏どこに行くのですか？
☐ **oublier**	（動）忘れる
☐ **ouvert(e)**	（形）開いている
☐ **ouvrir** (j'ouvre, tu ouvres, il ouvre, nous ouvrons, vous ouvrez, ils ouvrent)	（動）開ける，開く

P

☐ **pain**	（男）パン manger du pain　パンを食べる（部分冠詞）
☐ **papa**	（男）パパ
☐ **par**	（前）によって
☐ **parce que**	（接）なぜなら
☐ **pardon**	（男）すみません Oh, pardon!　おっと，失礼！ Pardon?　え，なんですって？

☐ **parents**	（男・複）両親
☐ **Paris**	（固）パリ
☐ **parler**	（動）話す　(de ...) について話す
	parler français　フランス語を話す
☐ **partir** (je pars, tu pars, il part, nous partons, vous partez, ils partent)	（動）出発する　partir pour ...　〜にむけて発つ
☐ **partout**	（副）至るところに
☐ **pas**	（副）ない
	Vous n'avez pas d'enfants?
	お子さんはいないのですか？（否定の de）
☐ **passeport**	（男）パスポート
☐ **passer**	（動）通る，寄る，（時を）すごす，受ける
	Passez chez moi à 5 heures.
	5時に家に寄ってください．
	passer les vacances　休暇を過す
	passer un examen　試験を受ける
☐ **pauvre**	（形）貧しい　（名詞の前で）可哀想な
☐ **payer** (je paie, tu paies, vous payez, ils paient)	（動）支払う
☐ **pendant**	（前）〜の間　pendant les vacances　休暇中
	pendant longtemps　長い間
☐ **penser**	（動）(à について) 考える
	À quoi penses-tu?　何を考えているの？
☐ **père**	（男）父
☐ **personne**	（女）人　pour une personne　ひとり用の
☐ **petit(e)**	（形）小さい　un petit peu　ほんの少し
☐ **peu**	（副）ほとんどない
	un peu　少し（肯定的）
	un peu de＋無冠詞名詞　少しの
☐ **peur**	（女）恐怖　avoir peur　恐い
☐ **peut-être**	（副）かもしれない
☐ **photo**	（女）写真
☐ **pied**	（男）足（足首から下）　à pied　歩きで
☐ **pire**	（形）より悪い　（定冠詞とともに）最悪の
☐ **place**	（女）席，広場

☐ **plaisir**	(男)	よろこび　avec plaisir　喜んで
☐ **pleurer**	(動)	泣く
☐ **pleuvoir** (il pleut)	(動)	雨が降る
☐ **plus**	(副)	より多く　plus＋形（副）＋que（優等比較）
		ne … plus　　　　　　もう～ない
		Il n'y a plus de vin.　もうワインがない.
☐ **plutôt**	(副)	むしろ
☐ **point**	(男)	点
☐ **pomme**	(女)	リンゴ
☐ **porte**	(女)	ドア
☐ **porter**	(動)	持つ, 身につけている
☐ **poser**	(動)	置く　poser une question　質問する
☐ **possible**	(形)	可能な　Pas possible !　まさか !
☐ **poste**	(女)	郵便（局）
☐ **pour**	(前)	～のために, の予定で, (＋不定詞) するために
		Pour aller à la gare, s'il vous plaît ?
		駅に行くには？
☐ **pourquoi**	(副)	なぜ
		Pourquoi tu ne viens pas ?　なぜ来ないの？
		Parce que je n'ai pas le temps.
		時間がないからです.
		Pourquoi pas !　　　　　もちろん！
☐ **pouvoir** (je peux, tu peux,	(動)	(＋不定詞) ～することができる, かもしれない
il peut, nous pouvons,		Est-ce que je peux entrer ?
vous pouvez, ils peuvent)		入っていいですか？
		Tu peux passer chez moi ?
		家に寄ってくれる？（依頼）
☐ **premier**	(男)	1日　le premier mai　5月1日　◇2日以降は基数詞をつかい le 2 mai のようになる
☐ **premier / première**	(形)	一番めの
☐ **prendre** (je prends, tu prends,	(動)	取る
il prend, nous prenons,		prendre le métro　　　　地下鉄に乗る
vous prenez, ils prennent)		prendre un taxi　　　　　タクシーに乗る
		prendre le petit déjeuner　朝食をとる
		Prenez la première rue à gauche.
		最初の道を左にいきなさい.

☐ **préparer**	（動）用意する
☐ **près**	（副）近くに　près de 〜の近くに
☐ **présenter**	（動）紹介する
☐ **presque**	（副）ほとんど
☐ **printemps**	（男）春　au printemps 春に
	ce printemps この春
☐ **prochain(e)**	（形）今度の　lundi prochain　次の月曜日
	À la prochaine fois! ではまたね!
☐ **professeur**	（男）教師
☐ **promenade**	（女）散歩
☐ **promener** (se promener)	（動）散歩させる（散歩する）
☐ **public / publique**	（形）公共の，国家の
☐ **puis**	（副）つぎに

Q

☐ **quand**	（副）いつ　C'est quand? それはいつですか?
	（接）〜する時
☐ **quarante**	（数）40
☐ **quart**	（男）4分の1，15分
	Il est six heures et quart. 6時15分.
	On a rendez-vous à midi moins le quart.
	12時15分前に待ち合せしている.
☐ **quatorze**	（数）14
☐ **quatre**	（数）4
☐ **que**	（疑代）何
	Que faites-vous? 何をしているのですか?
	（接）〜ということ
	ne…que〜　〜しか〜ない（限定表現）
☐ **quel(le)**	（疑問形容詞）なんの，どんな
	Il a quel âge, ton frère? 弟はいくつなの?
	Il est quelle heure?　今何時ですか?
	Quelles fleurs aimez-vous?
	何の花が好きですか?
☐ **quelque**	（形）いくつかの
☐ **quelque chose**	（代）何か　Voulez-vous boire quelque chose?
	何か飲みますか?

☐ quelquefois	(副) ときどき
☐ quelqu'un	(代) 誰か
	J'attends quelqu'un. 私は人を待っています.
☐ qu'est-ce que	(疑代) 何(を)
	Qu'est-ce que c'est? それは何ですか?
	Qu'est-ce que tu as? どうしたの?
☐ qu'est-ce qui	(疑代) 何が
☐ question	(女) 質問
☐ qui	(疑代) 誰　Qui est-ce? あれは誰ですか?
	Qui cherchez-vous?
	誰を探しているのですか?
☐ qui est-ce que	(疑代) 誰を　Qui est-ce que tu attends?
	誰を待っているの?
☐ qui est-ce qui	(疑代) 誰が　Qui est-ce qui vient avec nous?
	誰が一緒に来るの?
☐ quinze	(数) 15
☐ quoi	(疑代) 何　◇que の強勢形
	C'est quoi? それは何?

R

☐ radio	(女) ラジオ　écouter la radio　ラジオを聞く
☐ raison	(女) 理性　Vous avez raison.
	あなたの言うことはもっともだ.
☐ réceptionniste	(名) フロント係
☐ regarder	(動) 見る, 眺める
☐ reins	(男・複) 腰　avoir mal aux reins　腰が痛い
☐ rencontrer	(動) 出会う
☐ rendez-vous	(男) 待ち合せ, 予約
	avoir rendez-vous avec…
	〜と会う約束がある
	prendre rendez-vous　会う約束をする
☐ rentrer	(動) 帰る
☐ restaurant	(男) レストラン
☐ rester	(動) とどまる　rester à la maison　家にいる
☐ réussir	(動) 成功する, (à に) 成功する　◇第2群規則動詞
	réussir à un examen　試験にパスする

☐ **revoir** au revoir　　　　さようなら
☐ **rien** （代）ne … rien　　何も～ない
　　　　　　　　　　Ce n'est rien.　何でもない．
　　　　　　　　　　De rien.　　　どういたしまして．
☐ **robe** （女）ドレス
☐ **rouge** （形）赤い
☐ **rue** （女）通り　Il habite 7 rue Monge.
　　　　　　　　　　　　彼はモンジュ通り7番に住んでいる．
☐ **Russie** （固）（女）ロシア

S

☐ **sac** （男）バッグ
☐ **saison** （女）季節
☐ **salle** （女）部屋，ホール　◇寝室は chambre
　　　　　　　　　salle à manger　食堂
　　　　　　　　　salle de bain(s)　浴室
☐ **samedi** （男）土曜日
☐ **sans** （前）なしで
☐ **savoir** (je sais, tu sais, il sait, （動）知る，（＋不定詞）～するすべを心得ている
　　nous savons, vous savez,　　　　Je ne sais pas.　知りません．
　　ils savent)　　　　　　　　　　　Je sais nager.　泳げます．
☐ **sec / sèche** （形）乾いた
☐ **second(e)** （形）2番めの
☐ **seconde** （女）秒
☐ **seize** （数）16
☐ **semaine** （女）週　cette semaine　　　　今週
　　　　　　　　　　　la semaine prochaine　来週
　　　　　　　　　　　la semaine dernière　　先週
☐ **sentir** (je sens, il sent, （動）感じる，匂う　Ça sent bon.　いい匂いだ．
　　vous sentez, ils sentent)　　　　◇partir と同型の活用
☐ **sept** （数）7
☐ **septembre** （男）9月
☐ **servir** (je sers, tu sers, il sert, （動）給仕する，（à に）役立つ
　　nous servons, vous servez,
　　ils servent)

☐ **seul(e)**	（形）唯一の，ひとりきりの
☐ **si**	（副）いや
	◇否定の問に対して答の内容が肯定の場合
	（接）もし
☐ **s'il vous plaît**	お願いします　◇親しい間では s'il te plaît
☐ **six**	（数）6
☐ **sœur**	（女）姉・妹
☐ **soif**	（女）渇き　avoir soif　のどが渇いた
☐ **soir**	（男）晩・夜（就寝時まで）　ce soir　今晩
	hier soir　昨晩
	demain soir　明晩
☐ **soixante**	（数）60
☐ **soleil**	（男）太陽　Il fait soleil. 日が照って天気がよい.
☐ **sommeil**	（男）睡眠　avoir sommeil　眠い
☐ **sous**	（前）の下に
☐ **son**	（男）音
☐ **son / sa / ses**	（所有形容詞）彼の，彼女の，その
☐ **sortir** (je sors, tu sors, il sort, nous sortons, vous sortez, ils sortent)	（動）出る
☐ **souvent**	（副）しばしば
☐ **stylo**	（男）ペン
☐ **sud**	（男）南
☐ **Suède**	（固）（女）スェーデン
☐ **Suisse**	（固）（女）スイス
☐ **suite**	（女）続き　tout de suite　すぐに
☐ **sur**	（前）の上に，に関して
☐ **sûr(e)**	（形）確かな　Bien sûr. もちろん.
☐ **surtout**	（副）特に

T

☐ **table**	（女）テーブル
☐ **taxi**	（男）タクシー
☐ **tant**	（副）非常に　Tant mieux! それはよかった!
☐ **tante**	（女）おば

☐ **vie**	（女）人生・生活	

Qu'est-ce que vous faites dans la vie ?
お仕事は何をされているのですか？

☐ **vieux** (vieil) / **vieille**	（形）古い，年をとった
☐ **village**	（男）村
☐ **ville**	（女）都市
☐ **vin**	（男）ワイン

boire du vin　ワインを飲む（部分冠詞）

☐ **vingt**	（数）20
☐ **visiter**	（動）（場所を）訪れる
☐ **vite**	（副）速く，急いで
☐ **voici**	ここに～がある（いる）
☐ **voilà**	そこに～がある（いる），はいどうぞ，その通り

Voilà du vin rouge.　どうぞ赤ワインですよ．

☐ **voir** (je vois, tu vois, il voit, nous voyons, vous voyez, ils voient)	（動）見る，会う
☐ **voiture**	（女）車　en voiture　車で
☐ **votre / vos**	（所有形容詞）あなたの
☐ **vouloir** (je veux, tu veux, il veut, nous voulons, vous voulez, ils veulent)	（動）欲しい，（＋不定詞）～したい

Voulez-vous encore un café ?
コーヒーをもう一杯いかがですか？
— Oui, je veux bien.
ええ，いただきます．
Je voudrais parler à M. Martin.
マルタン氏にお話がしたいのですが．(条件法)

☐ **vous**	（人称代名詞）あなた(方)(は)
☐ **voyage**	（男）旅　Bon voyage !　よい旅を！
☐ **voyager**	（動）旅行する
☐ **vrai(e)**	（形）真実の　C'est vrai ?　本当？
☐ **vraiment**	（副）本当に

W

☐ **week-end**	（男）週末　Bon week-end !　よい週末を！

☐ seul(e)	（形）唯一の，ひとりきりの
☐ si	（副）いや ◇否定の問に対して答の内容が肯定の場合
	（接）もし
☐ s'il vous plaît	お願いします ◇親しい間では s'il te plaît
☐ six	（数）6
☐ sœur	（女）姉・妹
☐ soif	（女）渇き　avoir soif のどが渇いた
☐ soir	（男）晩・夜（就寝時まで）　ce soir　　今晩
	hier soir　　昨晩
	demain soir　明晩
☐ soixante	（数）60
☐ soleil	（男）太陽　Il fait soleil. 日が照って天気がよい.
☐ sommeil	（男）睡眠　avoir sommeil 眠い
☐ sous	（前）の下に
☐ son	（男）音
☐ son / sa / ses	（所有形容詞）彼の，彼女の，その
☐ sortir (je sors, tu sors, il sort, nous sortons, vous sortez, ils sortent)	（動）出る
☐ souvent	（副）しばしば
☐ stylo	（男）ペン
☐ sud	（男）南
☐ Suède	（固）（女）スェーデン
☐ Suisse	（固）（女）スイス
☐ suite	（女）続き　tout de suite　すぐに
☐ sur	（前）の上に，に関して
☐ sûr(e)	（形）確かな　Bien sûr. もちろん.
☐ surtout	（副）特に

T

☐ table	（女）テーブル
☐ taxi	（男）タクシー
☐ tant	（副）非常に　Tant mieux! それはよかった!
☐ tante	（女）おば

- [ ] **tard** （副）遅く　plus tard　後に
- [ ] **te** （人称代名詞）きみに，きみを
- [ ] **tel(le)** （形）そのような
- [ ] **téléphoner** （動）(à ...) 〜に電話する
- [ ] **télévision** （女）テレビ　regarder la télévision　テレビを見る
- [ ] **temps** （男）時，天候
  Quel temps fait-il?　どんな天気ですか？
  Combien de temps faut-il?
  　どのくらい時間がかかりますか？
- [ ] **tête** （女）頭・顔　avoir mal à la tête　頭が痛い
- [ ] **thé** （男）紅茶
- [ ] **tiens** （間）おや
- [ ] **timbre** （男）切手
- [ ] **toi** （人称代名詞・強勢形）きみ
- [ ] **tomber** （動）落ちる　Ça tombe bien [mal].
  　タイミングがいい［悪い］．
- [ ] **ton / ta /tes** （所有形容詞）きみの
- [ ] **tort** （男）誤り　avoir tort　間違っている
- [ ] **tôt** （副）早く　◇反意語 tard
- [ ] **toujours** （副）いつも
- [ ] **tour** （男）順番，一周
- [ ] **tourner** （動）曲る　Tournez à gauche [droite].
  　左［右］に曲りなさい．
- [ ] **tout** (tous) （形）すべての　（代）すべて　（副）まったく
  Tout va bien.　すべて順調．
  C'est tout?　これで全部ですか？
  tous les jours　毎日
  toute la journée　一日中
- [ ] **train** （男）列車　en train　列車で
- [ ] **travail** (複 travaux) （男）仕事　Vous avez du travail?
  　仕事があるのですか？（部分冠詞）
- [ ] **travailler** （動）働く・勉強する
- [ ] **très** （副）とても　très bien　とてもよい
- [ ] **treize** （数）13
- [ ] **trente** （数）30

- ☐ **trois** （数）3
- ☐ **trop** （副）あまりに　trop tard　おそすぎる
- ☐ **trouver** （動）見つける，思う
  Tu trouves?　そう思う？
  Comment trouvez-vous ce film?
  　この映画をどう思いますか？
- ☐ **tu** （人称代名詞）きみは

U

- ☐ **un /une /des** （不定冠詞）

V

- ☐ **vacances** （女・複）休暇
  partir en vacances　ヴァカンスに出かける
- ☐ **valise** （女）スーツケース
- ☐ **vendre** (je vends, tu vends, il vend, nous vendons, vous vendez, ils vendent) （動）売る
- ☐ **vendredi** （男）金曜日
- ☐ **venir** (je viens, tu viens, il vient, nous venons, vous venez, ils viennent) （動）来る，（話相手のところに）行く
  (de ...) 〜から来る（〜の出身である）
  (de＋不定詞) 〜したばかりである（近接過去）
  venir du Japon　　日本から来た
  venir des États-Unis　合衆国から来た
  venir de France　　フランスから来た
  D'où venez-vous?
  　どちらからいらしたのですか？
  Je viens d'arriver.　今着いたところです.
- ☐ **vent** （男）風　Il fait du vent. 風がある.
- ☐ **verre** （男）グラス
- ☐ **vers** （前）ごろに，〜の方へ　vers midi　昼ごろ
- ☐ **vert(e)** （形）緑(の)
- ☐ **vêtements** （男・複）衣服
- ☐ **viande** （女）肉
  acheter de la viande　肉を買う（部分冠詞）

☐ **vie** （女）人生・生活
Qu'est-ce que vous faites dans la vie?
お仕事は何をされているのですか？

☐ **vieux** (vieil) **/ vieille** （形）古い，年をとった
☐ **village** （男）村
☐ **ville** （女）都市
☐ **vin** （男）ワイン
boire du vin ワインを飲む（部分冠詞）

☐ **vingt** （数）20
☐ **visiter** （動）（場所を）訪れる
☐ **vite** （副）速く，急いで
☐ **voici** ここに～がある（いる）
☐ **voilà** そこに～がある（いる），はいどうぞ，その通り
Voilà du vin rouge. どうぞ赤ワインですよ．

☐ **voir** (je vois, tu vois, il voit, nous voyons, vous voyez, ils voient) （動）見る，会う

☐ **voiture** （女）車　en voiture　車で
☐ **votre / vos** （所有形容詞）あなたの
☐ **vouloir** (je veux, tu veux, il veut, nous voulons, vous voulez, ils veulent) （動）欲しい，（＋不定詞）～したい
Voulez-vous encore un café?
コーヒーをもう一杯いかがですか？
— Oui, je veux bien.
ええ，いただきます．
Je voudrais parler à M. Martin.
マルタン氏にお話がしたいのですが．(条件法)

☐ **vous** （人称代名詞）あなた（方）（は）
☐ **voyage** （男）旅　Bon voyage! よい旅を！
☐ **voyager** （動）旅行する
☐ **vrai(e)** （形）真実の　C'est vrai? 本当？
☐ **vraiment** （副）本当に

W

☐ **week-end** （男）週末　Bon week-end! よい週末を！

Y

- y （副）そこに　On y va? いこうか？
  Allez-y.　さあ始めて，お先にどうぞ．
- yeux （男・複）眼　◇単数は œil
  Elle a les yeux bleus.　彼女の眼は青い．

〈主要人名 (prénom)〉(* は女性名)

Alexandre	アレクサンドル	*Jeanne	ジャンヌ
André	アンドレ	*Julie	ジュリー
*Anne	アンヌ	Laurent	ロラン
Antoine	アントワーヌ	Louis	ルイ
Bernard	ベルナール	*Marie	マリ
*Brigitte	ブリジット	*Mathilde	マチルド
*Caroline	カロリーヌ	Michel	ミシェル
*Catherine	カトリーヌ	*Monique	モニック
*Cécile	セシル	*Nathalie	ナタリー
*Chantal	シャンタル	Nicolas	ニコラ
Daniel	ダニエル	*Nicole	ニコル
Eric	エリック	Paul	ポール
Florian	フロリアン	Philippe	フィリップ
François	フランソワ	Pierre	ピエール
*Françoise	フランソワーズ	René	ルネ
Gilles	ジル	*Sophie	ソフィー
*Hélène	エレーヌ	*Sylvie	シルヴィー
*Isabelle	イザベル	Thomas	トマ
Jacques	ジャック	*Véronique	ヴェロニック
Jean	ジャン	*Virginie	ヴィルジニー

著者

　　藤田裕二（ふじた　ゆうじ）
　　玉川大学名誉教授

実用フランス語技能検定試験
仏検合格のための
傾向と対策5級（CD付）改訂

1996年5月30日　初　版　発　行
2022年7月1日　改訂12刷発行

　　著　者　　藤　田　裕　二
　　発行者　　井　田　洋　二
　　製　版　　ユ ー ピ ー 工 芸
　　印　刷　　三友印刷株式会社

発行所　（株）**駿河台出版社**（電話 03-3291-1676 番）
　　　　〒101-0062 東京都千代田区神田駿河台3の7

ISBN978-4-411-80108-1　C0085

落丁・乱丁・不良本はお取り替えします．
当社に直接お申し出下さい．
（許可なしにアイディアを使用し，また
は転載，複製することを禁じます）
Printed in Japan

動詞活用表

◇ 活用表中，現在分詞と過去分詞はイタリック体，また書体の違う活用は，とくに注意すること．

accueillir	22	écrire	40	pleuvoir	61
acheter	10	émouvoir	55	pouvoir	54
acquérir	26	employer	13	préférer	12
aimer	7	envoyer	15	prendre	29
aller	16	être	2	recevoir	52
appeler	11	être aimé(e)(s)	5	rendre	28
(s')asseoir	60	être allé(e)(s)	4	résoudre	42
avoir	1	faire	31	rire	48
avoir aimé	3	falloir	62	rompre	50
battre	46	finir	17	savoir	56
boire	41	fuir	27	sentir	19
commencer	8	(se) lever	6	suffire	34
conclure	49	lire	33	suivre	38
conduire	35	manger	9	tenir	20
connaître	43	mettre	47	vaincre	51
coudre	37	mourir	25	valoir	59
courir	24	naître	44	venir	21
craindre	30	ouvrir	23	vivre	39
croire	45	partir	18	voir	57
devoir	53	payer	14	vouloir	58
dire	32	plaire	36		

◇ 単純時称の作り方

不定法	
—er	[e]
—ir	[ir]
—re	[r]
—oir	[war]

	直説法現在		接続法現在		直説法半過去	
je (j')	—e	[無音]	—e	[無音]	—ais	[ɛ]
tu	—es	[無音]	—es	[無音]	—ais	[ɛ]
il	—e	[無音]	—e	[無音]	—ait	[ɛ]
nous	—ons	[ɔ̃]	—ions	[jɔ̃]	—ions	[jɔ̃]
vous	—ez	[e]	—iez	[je]	—iez	[je]
ils	—ent	[無音]	—ent	[無音]	—aient	[ɛ]

現在分詞	
—ant	[ɑ̃]

	直説法単純未来		条件法現在	
je (j')	—rai	[re]	—rais	[rɛ]
tu	—ras	[rɑ]	—rais	[rɛ]
il	—ra	[ra]	—rait	[rɛ]
nous	—rons	[rɔ̃]	—rions	[rjɔ̃]
vous	—rez	[re]	—riez	[rje]
ils	—ront	[rɔ̃]	—raient	[rɛ]

	直説法単純過去					
je	—ai	[e]	—is	[i]	—us	[y]
tu	—as	[ɑ]	—is	[i]	—us	[y]
il	—a	[a]	—it	[i]	—ut	[y]
nous	—âmes	[am]	—îmes	[im]	—ûmes	[ym]
vous	—âtes	[at]	—îtes	[it]	—ûtes	[yt]
ils	—èrent	[ɛr]	—irent	[ir]	—urent	[yr]

過去分詞	—é [e], —i [i], —u [y], —s [無音], —t [無音]

① **直説法現在**の単数形は，第一群動詞では —e, —es, —e ; 他の動詞ではほとんど —s, —s, —t.
② 直説法現在と接続法現在では，nous, vous の語幹が，他の人称の語幹と異なること（母音交替）がある．
③ **命令法**は，直説法現在の tu, nous, vous をとった形．（ただし —es → e　vas → va）
④ **接続法現在**は，多く直説法現在の3人称複数形から作られる．ils partent → je parte.
⑤ **直説法半過去**と**現在分詞**は，直説法現在の1人称複数形から作られる．
⑥ **直説法単純未来**と**条件法現在**は多く不定法から作られる．aimer → j'aimerai, finir → je finirai, rendre → je rendrai (-oir 型の語幹は不規則).

1. avoir

現在分詞
ayant

過去分詞
eu [y]

	直 説 法		
現　在	半　過　去	単　純　過　去	
j'　　ai	j'　　avais	j'　　eus　　　[y]	
tu　　as	tu　　avais	tu　　eus	
il　　a	il　　avait	il　　eut	
nous　avons	nous　avions	nous　eûmes	
vous　avez	vous　aviez	vous　eûtes	
ils　　ont	ils　　avaient	ils　　eurent	

命　令　法
aie
ayons
ayez

複　合　過　去	大　過　去	前　過　去
j'　　ai　　eu	j'　　avais　eu	j'　　eus　　eu
tu　　as　　eu	tu　　avais　eu	tu　　eus　　eu
il　　a　　eu	il　　avait　eu	il　　eut　　eu
nous　avons　eu	nous　avions　eu	nous　eûmes　eu
vous　avez　eu	vous　aviez　eu	vous　eûtes　eu
ils　　ont　　eu	ils　　avaient　eu	ils　　eurent　eu

2. être

現在分詞
étant

過去分詞
été

現　在	半　過　去	単　純　過　去
je　　suis	j'　　étais	je　　fus
tu　　es	tu　　étais	tu　　fus
il　　est	il　　était	il　　fut
nous　sommes	nous　étions	nous　fûmes
vous　êtes	vous　étiez	vous　fûtes
ils　　sont	ils　　étaient	ils　　furent

命　令　法
sois
soyons
soyez

複　合　過　去	大　過　去	前　過　去
j'　　ai　　été	j'　　avais　été	j'　　eus　　été
tu　　as　　été	tu　　avais　été	tu　　eus　　été
il　　a　　été	il　　avait　été	il　　eut　　été
nous　avons　été	nous　avions　été	nous　eûmes　été
vous　avez　été	vous　aviez　été	vous　eûtes　été
ils　　ont　　été	ils　　avaient　été	ils　　eurent　été

3. avoir aimé

［複合時称］

分詞複合形
ayant aimé

命　令　法
aie aimé
ayons aimé
ayez aimé

複　合　過　去	大　過　去	前　過　去
j'　　ai　　aimé	j'　　avais　aimé	j'　　eus　　aimé
tu　　as　　aimé	tu　　avais　aimé	tu　　eus　　aimé
il　　a　　aimé	il　　avait　aimé	il　　eut　　aimé
elle　a　　aimé	elle　avait　aimé	elle　eut　　aimé
nous　avons　aimé	nous　avions　aimé	nous　eûmes　aimé
vous　avez　aimé	vous　aviez　aimé	vous　eûtes　aimé
ils　　ont　　aimé	ils　　avaient　aimé	ils　　eurent　aimé
elles　ont　　aimé	elles　avaient　aimé	elles　eurent　aimé

4. être allé(e)(s)

［複合時称］

分詞複合形
étant allé(e)(s)

命　令　法
sois allé(e)
soyons allé(e)s
soyez allé(e)(s)

複　合　過　去	大　過　去	前　過　去
je　　suis　allé(e)	j'　　étais　allé(e)	je　　fus　　allé(e)
tu　　es　　allé(e)	tu　　étais　allé(e)	tu　　fus　　allé(e)
il　　est　　allé	il　　était　allé	il　　fut　　allé
elle　est　　allée	elle　était　allée	elle　fut　　allée
nous　sommes　allé(e)s	nous　étions　allé(e)s	nous　fûmes　allé(e)s
vous　êtes　allé(e)(s)	vous　étiez　allé(e)(s)	vous　fûtes　allé(e)(s)
ils　　sont　allés	ils　　étaient　allés	ils　　furent　allés
elles　sont　allées	elles　étaient　allées	elles　furent　allées

	単純未来			条件法 現在			接続法 現在			半過去	
j'	aurai		j'	aurais		j'	aie		j'	eusse	
tu	auras		tu	aurais		tu	aies		tu	eusses	
il	aura		il	aurait		il	ait		il	eût	
nous	aurons		nous	aurions		nous	ayons		nous	eussions	
vous	aurez		vous	auriez		vous	ayez		vous	eussiez	
ils	auront		ils	auraient		ils	aient		ils	eussent	
	前未来			過去			過去			大過去	
j'	aurai	eu	j'	aurais	eu	j'	aie	eu	j'	eusse	eu
tu	auras	eu	tu	aurais	eu	tu	aies	eu	tu	eusses	eu
il	aura	eu	il	aurait	eu	il	ait	eu	il	eût	eu
nous	aurons	eu	nous	aurions	eu	nous	ayons	eu	nous	eussions	eu
vous	aurez	eu	vous	auriez	eu	vous	ayez	eu	vous	eussiez	eu
ils	auront	eu	ils	auraient	eu	ils	aient	eu	ils	eussent	eu
	単純未来			条件法 現在			接続法 現在			半過去	
je	serai		je	serais		je	sois		je	fusse	
tu	seras		tu	serais		tu	sois		tu	fusses	
il	sera		il	serait		il	soit		il	fût	
nous	serons		nous	serions		nous	soyons		nous	fussions	
vous	serez		vous	seriez		vous	soyez		vous	fussiez	
ils	seront		ils	seraient		ils	soient		ils	fussent	
	前未来			過去			過去			大過去	
j'	aurai	été	j'	aurais	été	j'	aie	été	j'	eusse	été
tu	auras	été	tu	aurais	été	tu	aies	été	tu	eusses	été
il	aura	été	il	aurait	été	il	ait	été	il	eût	été
nous	aurons	été	nous	aurions	été	nous	ayons	été	nous	eussions	été
vous	aurez	été	vous	auriez	été	vous	ayez	été	vous	eussiez	été
ils	auront	été	ils	auraient	été	ils	aient	été	ils	eussent	été
	前未来			条件法 過去			接続法 過去			大過去	
j'	aurai	aimé	j'	aurais	aimé	j'	aie	aimé	j'	eusse	aimé
tu	auras	aimé	tu	aurais	aimé	tu	aies	aimé	tu	eusses	aimé
il	aura	aimé	il	aurait	aimé	il	ait	aimé	il	eût	aimé
elle	aura	aimé	elle	aurait	aimé	elle	ait	aimé	elle	eût	aimé
nous	aurons	aimé	nous	aurions	aimé	nous	ayons	aimé	nous	eussions	aimé
vous	aurez	aimé	vous	auriez	aimé	vous	ayez	aimé	vous	eussiez	aimé
ils	auront	aimé	ils	auraient	aimé	ils	aient	aimé	ils	eussent	aimé
elles	auront	aimé	elles	auraient	aimé	elles	aient	aimé	elles	eussent	aimé
	前未来			条件法 過去			接続法 過去			大過去	
je	serai	allé(e)	je	serais	allé(e)	je	sois	allé(e)	je	fusse	allé(e)
tu	seras	allé(e)	tu	serais	allé(e)	tu	sois	allé(e)	tu	fusses	allé(e)
il	sera	allé	il	serait	allé	il	soit	allé	il	fût	allé
elle	sera	allée	elle	serait	allée	elle	soit	allée	elle	fût	allée
nous	serons	allé(e)s	nous	serions	allé(e)s	nous	soyons	allé(e)s	nous	fussions	allé(e)s
vous	serez	allé(e)(s)	vous	seriez	allé(e)(s)	vous	soyez	allé(e)(s)	vous	fussiez	allé(e)(s)
ils	seront	allés	ils	seraient	allés	ils	soient	allés	ils	fussent	allés
elles	seront	allées	elles	seraient	allées	elles	soient	allées	elles	fussent	allées

5. être aimé(e)(s) ［受動態］

直　説　法						接　続　法		
現　在			複　合　過　去			現　在		
je	suis	aimé(e)	j'	ai	été aimé(e)	je	sois	aimé(e)
tu	es	aimé(e)	tu	as	été aimé(e)	tu	sois	aimé(e)
il	est	aimé	il	a	été aimé	il	soit	aimé
elle	est	aimée	elle	a	été aimée	elle	soit	aimée
nous	sommes	aimé(e)s	nous	avons	été aimé(e)s	nous	soyons	aimé(e)s
vous	êtes	aimé(e)(s)	vous	avez	été aimé(e)(s)	vous	soyez	aimé(e)(s)
ils	sont	aimés	ils	ont	été aimés	ils	soient	aimés
elles	sont	aimées	elles	ont	été aimées	elles	soient	aimées
半　過　去			大　過　去			過　去		
j'	étais	aimé(e)	j'	avais	été aimé(e)	j'	aie	été aimé(e)
tu	étais	aimé(e)	tu	avais	été aimé(e)	tu	aies	été aimé(e)
il	était	aimé	il	avait	été aimé	il	ait	été aimé
elle	était	aimée	elle	avait	été aimée	elle	ait	été aimée
nous	étions	aimé(e)s	nous	avions	été aimé(e)s	nous	ayons	été aimé(e)s
vous	étiez	aimé(e)(s)	vous	aviez	été aimé(e)(s)	vous	ayez	été aimé(e)(s)
ils	étaient	aimés	ils	avaient	été aimés	ils	aient	été aimés
elles	étaient	aimées	elles	avaient	été aimées	elles	aient	été aimées
単　純　過　去			前　過　去			半　過　去		
je	fus	aimé(e)	j'	eus	été aimé(e)	je	fusse	aimé(e)
tu	fus	aimé(e)	tu	eus	été aimé(e)	tu	fusses	aimé(e)
il	fut	aimé	il	eut	été aimé	il	fût	aimé
elle	fut	aimée	elle	eut	été aimée	elle	fût	aimée
nous	fûmes	aimé(e)s	nous	eûmes	été aimé(e)s	nous	fussions	aimé(e)s
vous	fûtes	aimé(e)(s)	vous	eûtes	été aimé(e)(s)	vous	fussiez	aimé(e)(s)
ils	furent	aimés	ils	eurent	été aimés	ils	fussent	aimés
elles	furent	aimées	elles	eurent	été aimées	elles	fussent	aimées
単　純　未　来			前　未　来			大　過　去		
je	serai	aimé(e)	j'	aurai	été aimé(e)	j'	eusse	été aimé(e)
tu	seras	aimé(e)	tu	auras	été aimé(e)	tu	eusses	été aimé(e)
il	sera	aimé	il	aura	été aimé	il	eût	été aimé
elle	sera	aimée	elle	aura	été aimée	elle	eût	été aimée
nous	serons	aimé(e)s	nous	aurons	été aimé(e)s	nous	eussions	été aimé(e)s
vous	serez	aimé(e)(s)	vous	aurez	été aimé(e)(s)	vous	eussiez	été aimé(e)(s)
ils	seront	aimés	ils	auront	été aimés	ils	eussent	été aimés
elles	seront	aimées	elles	auront	été aimées	elles	eussent	été aimées
条　件　法						現在分詞		
現　在			過　去			étant aimé(e)(s)		
je	serais	aimé(e)	j'	aurais	été aimé(e)			
tu	serais	aimé(e)	tu	aurais	été aimé(e)	過去分詞		
il	serait	aimé	il	aurait	été aimé	été aimé(e)(s)		
elle	serait	aimée	elle	aurait	été aimée			
nous	serions	aimé(e)s	nous	aurions	été aimé(e)s	命　令　法		
vous	seriez	aimé(e)(s)	vous	auriez	été aimé(e)(s)	sois	aimé(e)s	
ils	seraient	aimés	ils	auraient	été aimés	soyons	aimé(e)s	
elles	seraient	aimées	elles	auraient	été aimées	soyez	aimé(e)s	

6. se lever ［代名動詞］

直　説　法							接　続　法			
現　在			複　合　過　去				現　在			
je	me	lève	je	me	suis	levé(e)	je	me	lève	
tu	te	lèves	tu	t'	es	levé(e)	tu	te	lèves	
il	se	lève	il	s'	est	levé	il	se	lève	
elle	se	lève	elle	s'	est	levée	elle	se	lève	
nous	nous	levons	nous	nous	sommes	levé(e)s	nous	nous	levions	
vous	vous	levez	vous	vous	êtes	levé(e)(s)	vous	vous	leviez	
ils	se	lèvent	ils	se	sont	levés	ils	se	lèvent	
elles	se	lèvent	elles	se	sont	levées	elles	se	lèvent	
半　過　去			大　過　去				過　去			
je	me	levais	je	m'	étais	levé(e)	je	me	sois	levé(e)
tu	te	levais	tu	t'	étais	levé(e)	tu	te	sois	levé(e)
il	se	levait	il	s'	était	levé	il	se	soit	levé
elle	se	levait	elle	s'	était	levée	elle	se	soit	levée
nous	nous	levions	nous	nous	étions	levé(e)s	nous	nous	soyons	levé(e)s
vous	vous	leviez	vous	vous	étiez	levé(e)(s)	vous	vous	soyez	levé(e)(s)
ils	se	levaient	ils	s'	étaient	levés	ils	se	soient	levés
elles	se	levaient	elles	s'	étaient	levées	elles	se	soient	levées
単　純　過　去			前　過　去				半　過　去			
je	me	levai	je	me	fus	levé(e)	je	me	levasse	
tu	te	levas	tu	te	fus	levé(e)	tu	te	levasses	
il	se	leva	il	se	fut	levé	il	se	levât	
elle	se	leva	elle	se	fut	levée	elle	se	levât	
nous	nous	levâmes	nous	nous	fûmes	levé(e)s	nous	nous	levassions	
vous	vous	levâtes	vous	vous	fûtes	levé(e)(s)	vous	vous	levassiez	
ils	se	levèrent	ils	se	furent	levés	ils	se	levassent	
elles	se	levèrent	elles	se	furent	levées	elles	se	levassent	
単　純　未　来			前　未　来				大　過　去			
je	me	lèverai	je	me	serai	levé(e)	je	me	fusse	levé(e)
tu	te	lèveras	tu	te	seras	levé(e)	tu	te	fusses	levé(e)
il	se	lèvera	il	se	sera	levé	il	se	fût	levé
elle	se	lèvera	elle	se	sera	levée	elle	se	fût	levée
nous	nous	lèverons	nous	nous	serons	levé(e)s	nous	nous	fussions	levé(e)s
vous	vous	lèverez	vous	vous	serez	levé(e)(s)	vous	vous	fussiez	levé(e)(s)
ils	se	lèveront	ils	se	seront	levés	ils	se	fussent	levés
elles	se	lèveront	elles	se	seront	levées	elles	se	fussent	levées
条　件　法							現在分詞			
現　在			過　去				se levant			
je	me	lèverais	je	me	serais	levé(e)				
tu	te	lèverais	tu	te	serais	levé(e)	命　令　法			
il	se	lèverait	il	se	serait	levé				
elle	se	lèverait	elle	se	serait	levée	lève-toi			
nous	nous	lèverions	nous	nous	serions	levé(e)s	levons-nous			
vous	vous	lèveriez	vous	vous	seriez	levé(e)(s)	levez-vous			
ils	se	lèveraient	ils	se	seraient	levés				
elles	se	lèveraient	elles	se	seraient	levées				

◇ se が間接補語のとき過去分詞は性・数の変化をしない．

不定法 現在分詞 過去分詞	直説法			
	現在	半過去	単純過去	単純未来
7. aimer *aimant* *aimé*	j' aime tu aimes il aime n. aimons v. aimez ils aiment	j' aimais tu aimais il aimait n. aimions v. aimiez ils aimaient	j' aimai tu aimas il aima n. aimâmes v. aimâtes ils aimèrent	j' aimerai tu aimeras il aimera n. aimerons v. aimerez ils aimeront
8. commencer *commençant* *commencé*	je commence tu commences il commence n. commençons v. commencez ils commencent	je commençais tu commençais il commençait n. commencions v. commenciez ils commençaient	je commençai tu commenças il commença n. commençâmes v. commençâtes ils commencèrent	je commencerai tu commenceras il commencera n. commencerons v. commencerez ils commenceront
9. manger *mangeant* *mangé*	je mange tu manges il mange n. mangeons v. mangez ils mangent	je mangeais tu mangeais il mangeait n. mangions v. mangiez ils mangeaient	je mangeai tu mangeas il mangea n. mangeâmes v. mangeâtes ils mangèrent	je mangerai tu mangeras il mangera n. mangerons v. mangerez ils mangeront
10. acheter *achetant* *acheté*	j' achète tu achètes il achète n. achetons v. achetez ils achètent	j' achetais tu achetais il achetait n. achetions v. achetiez ils achetaient	j' achetai tu achetas il acheta n. achetâmes v. achetâtes ils achetèrent	j' achèterai tu achèteras il achètera n. achèterons v. achèterez ils achèteront
11. appeler *appelant* *appelé*	j' appelle tu appelles il appelle n. appelons v. appelez ils appellent	j' appelais tu appelais il appelait n. appelions v. appeliez ils appelaient	j' appelai tu appelas il appela n. appelâmes v. appelâtes ils appelèrent	j' appellerai tu appelleras il appellera n. appellerons v. appellerez ils appelleront
12. préférer *préférant* *préféré*	je préfère tu préfères il préfère n. préférons v. préférez ils préfèrent	je préférais tu préférais il préférait n. préférions v. préfériez ils préféraient	je préférai tu préféras il préféra n. préférâmes v. préférâtes ils préférèrent	je préférerai tu préféreras il préférera n. préférerons v. préférerez ils préféreront
13. employer *employant* *employé*	j' emploie tu emploies il emploie n. employons v. employez ils emploient	j' employais tu employais il employait n. employions v. employiez ils employaient	j' employai tu employas il employa n. employâmes v. employâtes ils employèrent	j' emploierai tu emploieras il emploiera n. emploierons v. emploierez ils emploieront

条件法	接続法		命令法	同型
現在	現在	半過去		
j' aimerais tu aimerais il aimerait n. aimerions v. aimeriez ils aimeraient	j' aime tu aimes il aime n. aimions v. aimiez ils aiment	j' aimasse tu aimasses il aimât n. aimassions v. aimassiez ils aimassent	aime aimons aimez	注 語尾 -er の動詞 (除：aller, envoyer) を**第一群規則動詞**と もいう。
je commencerais tu commencerais il commencerait n. commencerions v. commenceriez ils commenceraient	je commence tu commences il commence n. commencions v. commenciez ils commencent	je commençasse tu commençasses il commençât n. commençassions v. commençassiez ils commençassent	commence commençons commencez	**avancer** **effacer** **forcer** **lancer** **placer** **prononcer** **remplacer** **renoncer**
je mangerais tu mangerais il mangerait n. mangerions v. mangeriez ils mangeraient	je mange tu manges il mange n. mangions v. mangiez ils mangent	je mangeasse tu mangeasses il mangeât n. mangeassions v. mangeassiez ils mangeassent	mange mangeons mangez	**arranger** **changer** **charger** **déranger** **engager** **manger** **obliger** **voyager**
j' achèterais tu achèterais il achèterait n. achèterions v. achèteriez ils achèteraient	j' achète tu achètes il achète n. achetions v. achetiez ils achètent	j' achetasse tu achetasses il achetât n. achetassions v. achetassiez ils achetassent	achète achetons achetez	**achever** **amener** **enlever** **lever** **mener** **peser** **(se) promener**
j' appellerais tu appellerais il appellerait n. appellerions v. appelleriez ils appelleraient	j' appelle tu appelles il appelle n. appelions v. appeliez ils appellent	j' appelasse tu appelasses il appelât n. appelassions v. appelassiez ils appelassent	appelle appelons appelez	**jeter** **rappeler** **rejeter** **renouveler**
je préférerais tu préférerais il préférerait n. préférerions v. préféreriez ils préféreraient	je préfère tu préfères il préfère n. préférions v. préfériez ils préfèrent	je préférasse tu préférasses il préférât n. préférassions v. préférassiez ils préférassent	préfère préférons préférez	**considérer** **désespérer** **espérer** **inquiéter** **pénétrer** **posséder** **répéter** **sécher**
j' emploierais tu emploierais il emploierait n. emploierions v. emploieriez ils emploieraient	j' emploie tu emploies il emploie n. employions v. employiez ils emploient	j' employasse tu employasses il employât n. employassions v. employassiez ils employassent	emploie employons employez	**-oyer**(除：envoyer) **-uyer** **appuyer** **ennuyer** **essuyer** **nettoyer**

不定法　現在分詞　過去分詞	直　説　法			
	現　在	半過去	単純過去	単純未来
14. payer　*payant*　*payé*	je　paye (paie)　tu　payes (paies)　il　paye (paie)　n.　payons　v.　payez　ils　payent (paient)	je　payais　tu　payais　il　payait　n.　payions　v.　payiez　ils　payaient	je　payai　tu　payas　il　paya　n.　payâmes　v.　payâtes　ils　payèrent	je　payerai (paierai)　tu　payeras (*etc*....)　il　payera　n.　payerons　v.　payerez　ils　payeront
15. envoyer　*envoyant*　*envoyé*	j'　envoie　tu　envoies　il　envoie　n.　envoyons　v.　envoyez　ils　envoient	j'　envoyais　tu　envoyais　il　envoyait　n.　envoyions　v.　envoyiez　ils　envoyaient	j'　envoyai　tu　envoyas　il　envoya　n.　envoyâmes　v.　envoyâtes　ils　envoyèrent	j'　**enverrai**　tu　**enverras**　il　**enverra**　n.　**enverrons**　v.　**enverrez**　ils　**enverront**
16. aller　*allant*　*allé*	je　**vais**　tu　**vas**　il　**va**　n.　allons　v.　allez　ils　**vont**	j'　allais　tu　allais　il　allait　n.　allions　v.　alliez　ils　allaient	j'　allai　tu　allas　il　alla　n.　allâmes　v.　allâtes　ils　allèrent	j'　**irai**　tu　**iras**　il　**ira**　n.　**irons**　v.　**irez**　ils　**iront**
17. finir　*finissant*　*fini*	je　finis　tu　finis　il　finit　n.　finissons　v.　finissez　ils　finissent	je　finissais　tu　finissais　il　finissait　n.　finissions　v.　finissiez　ils　finissaient	je　finis　tu　finis　il　finit　n.　finîmes　v.　finîtes　ils　finirent	je　finirai　tu　finiras　il　finira　n.　finirons　v.　finirez　ils　finiront
18. partir　*partant*　*parti*	je　pars　tu　pars　il　part　n.　partons　v.　partez　ils　partent	je　partais　tu　partais　il　partait　n.　partions　v.　partiez　ils　partaient	je　partis　tu　partis　il　partit　n.　partîmes　v.　partîtes　ils　partirent	je　partirai　tu　partiras　il　partira　n.　partirons　v.　partirez　ils　partiront
19. sentir　*sentant*　*senti*	je　sens　tu　sens　il　sent　n.　sentons　v.　sentez　ils　sentent	je　sentais　tu　sentais　il　sentait　n.　sentions　v.　sentiez　ils　sentaient	je　sentis　tu　sentis　il　sentit　n.　sentîmes　v.　sentîtes　ils　sentirent	je　sentirai　tu　sentiras　il　sentira　n.　sentirons　v.　sentirez　ils　sentiront
20. tenir　*tenant*　*tenu*	je　tiens　tu　tiens　il　tient　n.　tenons　v.　tenez　ils　tiennent	je　tenais　tu　tenais　il　tenait　n.　tenions　v.　teniez　ils　tenaient	je　tins　tu　tins　il　tint　n.　tînmes　v.　tîntes　ils　tinrent	je　**tiendrai**　tu　**tiendras**　il　**tiendra**　n.　**tiendrons**　v.　**tiendrez**　ils　**tiendront**

条件法	接続法		命令法	同型
現在	現在	半過去		
je payerais (paierais) tu payerais (etc....) il payerait n. payerions v. payeriez ils payeraient	je paye (paie) tu payes (paies) il paye (paie) n. payions v. payiez ils payent (paient)	je payasse tu payasses il payât n. payassions v. payassiez ils payassent	paie (paye) payons payez	[発音] je paye [ʒəpɛj], je paie [ʒəpɛ]; je payerai [ʒəpɛjre], je paierai [ʒəpɛre].
j' enverrais tu enverrais il enverrait n. enverrions v. enverriez ils enverraient	j' envoie tu envoies il envoie n. envoyions v. envoyiez ils envoient	j' envoyasse tu envoyasses il envoyât n. envoyassions v. envoyassiez ils envoyassent	envoie envoyons envoyez	注未来，条・現を除いては，13と同じ． **renvoyer**
j' irais tu irais il irait n. irions v. iriez ils iraient	j' **aille** tu **ailles** il **aille** n. allions v. alliez ils **aillent**	j' allasse tu allasses il allât n. allassions v. allassiez ils allassent	**va** allons allez	注yがつくとき命令法・現在は vas: vas-y. 直・現・3人称複数に ont の語尾をもつものは他にont (avoir), sont (être), font (faire) のみ．
je finirais tu finirais il finirait n. finirions v. finiriez ils finiraient	je finisse tu finisses il finisse n. finissions v. finissiez ils finissent	je finisse tu finisses il finît n. finissions v. finissiez ils finissent	finis finissons finissez	注finir型の動詞を第2群規則動詞という．
je partirais tu partirais il partirait n. partirions v. partiriez ils partiraient	je parte tu partes il parte n. partions v. partiez ils partent	je partisse tu partisses il partît n. partissions v. partissiez ils partissent	pars partons partez	注助動詞は être． **sortir**
je sentirais tu sentirais il sentirait n. sentirions v. sentiriez ils sentiraient	je sente tu sentes il sente n. sentions v. sentiez ils sentent	je sentisse tu sentisses il sentît n. sentissions v. sentissiez ils sentissent	sens sentons sentez	注18と助動詞を除けば同型．
je tiendrais tu tiendrais il tiendrait n. tiendrions v. tiendriez ils tiendraient	je tienne tu tiennes il tienne n. tenions v. teniez ils tiennent	je tinsse tu tinsses il tînt n. tinssions v. tinssiez ils tinssent	tiens tenons tenez	注**venir 21**と同型，ただし，助動詞はavoir．

不定法 現在分詞 過去分詞	直説法			
	現在	半過去	単純過去	単純未来
21. venir *venant* *venu*	je viens tu viens il vient n. venons v. venez ils viennent	je venais tu venais il venait n. venions v. veniez ils venaient	je vins tu vins il vint n. vînmes v. vîntes ils vinrent	je **viendrai** tu **viendras** il **viendra** n. **viendrons** v. **viendrez** ils **viendront**
22. accueillir *accueillant* *accueilli*	j' **accueille** tu **accueilles** il **accueille** n. accueillons v. accueillez ils accueillent	j' accueillais tu accueillais il accueillait n. accueillions v. accueilliez ils accueillaient	j' accueillis tu accueillis il accueillit n. accueillîmes v. accueillîtes ils accueillirent	j' **accueillerai** tu **accueilleras** il **accueillera** n. **accueillerons** v. **accueillerez** ils **accueilleront**
23. ouvrir *ouvrant* *ouvert*	j' **ouvre** tu **ouvres** il **ouvre** n. ouvrons v. ouvrez ils ouvrent	j' ouvrais tu ouvrais il ouvrait n. ouvrions v. ouvriez ils ouvraient	j' ouvris tu ouvris il ouvrit n. ouvrîmes v. ouvrîtes ils ouvrirent	j' ouvrirai tu ouvriras il ouvrira n. ouvrirons v. ouvrirez ils ouvriront
24. courir *courant* *couru*	je cours tu cours il court n. courons v. courez ils courent	je courais tu courais il courait n. courions v. couriez ils couraient	je courus tu courus il courut n. courûmes v. courûtes ils coururent	je **courrai** tu **courras** il **courra** n. **courrons** v. **courrez** ils **courront**
25. mourir *mourant* *mort*	je meurs tu meurs il meurt n. mourons v. mourez ils meurent	je mourais tu mourais il mourait n. mourions v. mouriez ils mouraient	je mourus tu mourus il mourut n. mourûmes v. mourûtes ils moururent	je **mourrai** tu **mourras** il **mourra** n. **mourrons** v. **mourrez** ils **mourront**
26. acquérir *acquérant* *acquis*	j' acquiers tu acquiers il acquiert n. acquérons v. acquérez ils acquièrent	j' acquérais tu acquérais il acquérait n. acquérions v. acquériez ils acquéraient	j' acquis tu acquis il acquit n. acquîmes v. acquîtes ils acquirent	j' **acquerrai** tu **acquerras** il **acquerra** n. **acquerrons** v. **acquerrez** ils **acquerront**
27. fuir *fuyant* *fui*	je fuis tu fuis il fuit n. fuyons v. fuyez ils fuient	je fuyais tu fuyais il fuyait n. fuyions v. fuyiez ils fuyaient	je fuis tu fuis il fuit n. fuîmes v. fuîtes ils fuirent	je fuirai tu fuiras il fuira n. fuirons v. fuirez ils fuiront

条件法	接続法		命令法	同型
現在	現在	半過去		
je viendrais tu viendrais il viendrait n. viendrions v. viendriez ils viendraient	je vienne tu viennes il vienne n. venions v. veniez ils viennent	je vinsse tu vinsses il vînt n. vinssions v. vinssiez ils vinssent	viens venons venez	注助動詞は être. **devenir** **intervenir** **prévenir** **revenir** **(se) souvenir**
j' accueillerais tu accueillerais il accueillerait n. accueillerions v. accueilleriez ils accueilleraient	j' accueille tu accueilles il accueille n. accueillions v. accueilliez ils accueillent	j' accueillisse tu accueillisses il accueillît n. accueillissions v. accueillissiez ils accueillissent	**accueille** accueillons accueillez	**cueillir**
j' ouvrirais tu ouvrirais il ouvrirait n. ouvririons v. ouvririez ils ouvriraient	j' ouvre tu ouvres il ouvre n. ouvrions v. ouvriez ils ouvrent	j' ouvrisse tu ouvrisses il ouvrît n. ouvrissions v. ouvrissiez ils ouvrissent	**ouvre** ouvrons ouvrez	**couvrir** **découvrir** **offrir** **souffrir**
je courrais tu courrais il courrait n. courrions v. courriez ils courraient	je coure tu coures il coure n. courions v. couriez ils courent	je courusse tu courusses il courût n. courussions v. courussiez ils courussent	cours courons courez	**accourir**
je mourrais tu mourrais il mourrait n. mourrions v. mourriez ils mourraient	je meure tu meures il meure n. mourions v. mouriez ils meurent	je mourusse tu mourusses il mourût n. mourussions v. mourussiez ils mourussent	meurs mourons mourez	注助動詞は être.
j' acquerrais tu acquerrais il acquerrait n. acquerrions v. acquerriez ils acquerraient	j' acquière tu acquières il acquière n. acquérions v. acquériez ils acquièrent	j' acquisse tu acquisses il acquît n. acquissions v. acquissiez ils acquissent	acquiers acquérons acquérez	**conquérir**
je fuirais tu fuirais il fuirait n. fuirions v. fuiriez ils fuiraient	je fuie tu fuies il fuie n. fuyions v. fuyiez ils fuient	je fuisse tu fuisses il fuît n. fuissions v. fuissiez ils fuissent	fuis fuyons fuyez	**s'enfuir**

不定法 現在分詞 過去分詞	直　説　法			
	現　　在	半　過　去	単純過去	単純未来
28. rendre *rendant* *rendu*	je　rends tu　rends il　**rend** n.　rendons v.　rendez ils　rendent	je　rendais tu　rendais il　rendait n.　rendions v.　rendiez ils　rendaient	je　rendis tu　rendis il　rendit n.　rendîmes v.　rendîtes ils　rendirent	je　rendrai tu　rendras il　rendra n.　rendrons v.　rendrez ils　rendront
29. prendre *prenant* *pris*	je　prends tu　prends il　**prend** n.　prenons v.　prenez ils　prennent	je　prenais tu　prenais il　prenait n.　prenions v.　preniez ils　prenaient	je　pris tu　pris il　prit n.　prîmes v.　prîtes ils　prirent	je　prendrai tu　prendras il　prendra n.　prendrons v.　prendrez ils　prendront
30. craindre *craignant* *craint*	je　crains tu　crains il　craint n.　craignons v.　craignez ils　craignent	je　craignais tu　craignais il　craignait n.　craignions v.　craigniez ils　craignaient	je　craignis tu　craignis il　craignit n.　craignîmes v.　craignîtes ils　craignirent	je　craindrai tu　craindras il　craindra n.　craindrons v.　craindrez ils　craindront
31. faire *faisant* *fait*	je　fais tu　fais il　fait n.　faisons v.　**faites** ils　**font**	je　faisais tu　faisais il　faisait n.　faisions v.　faisiez ils　faisaient	je　fis tu　fis il　fit n.　fîmes v.　fîtes ils　firent	je　**ferai** tu　**feras** il　**fera** n.　**ferons** v.　**ferez** ils　**feront**
32. dire *disant* *dit*	je　dis tu　dis il　dit n.　disons v.　**dites** ils　disent	je　disais tu　disais il　disait n.　disions v.　disiez ils　disaient	je　dis tu　dis il　dit n.　dîmes v.　dîtes ils　dirent	je　dirai tu　diras il　dira n.　dirons v.　direz ils　diront
33. lire *lisant* *lu*	je　lis tu　lis il　lit n.　lisons v.　lisez ils　lisent	je　lisais tu　lisais il　lisait n.　lisions v.　lisiez ils　lisaient	je　lus tu　lus il　lut n.　lûmes v.　lûtes ils　lurent	je　lirai tu　liras il　lira n.　lirons v.　lirez ils　liront
34. suffire *suffisant* *suffi*	je　suffis tu　suffis il　suffit n.　suffisons v.　suffisez ils　suffisent	je　suffisais tu　suffisais il　suffisait n.　suffisions v.　suffisiez ils　suffisaient	je　suffis tu　suffis il　suffit n.　suffîmes v.　suffîtes ils　suffirent	je　suffirai tu　suffiras il　suffira n.　suffirons v.　suffirez ils　suffiront

条件法	接続法		命令法	同型
現在	現在	半過去		
je rendrais tu rendrais il rendrait n. rendrions v. rendriez ils rendraient	je rende tu rendes il rende n. rendions v. rendiez ils rendent	je rendisse tu rendisses il rendît n. rendissions v. rendissiez ils rendissent	rends rendons rendez	**attendre descendre entendre pendre perdre répandre répondre vendre**
je prendrais tu prendrais il prendrait n. prendrions v. prendriez ils prendraient	je prenne tu prennes il prenne n. prenions v. preniez ils prennent	je prisse tu prisses il prît n. prissions v. prissiez ils prissent	prends prenons prenez	**apprendre comprendre entreprendre reprendre surprendre**
je craindrais tu craindrais il craindrait n. craindrions v. craindriez ils craindraient	je craigne tu craignes il craigne n. craignions v. craigniez ils craignent	je craignisse tu craignisses il craignît n. craignissions v. craignissiez ils craignissent	crains craignons craignez	**atteindre éteindre joindre peindre plaindre**
je ferais tu ferais il ferait n. ferions v. feriez ils feraient	je **fasse** tu **fasses** il **fasse** n. **fassions** v. **fassiez** ils **fassent**	je fisse tu fisses il fît n. fissions v. fissiez ils fissent	fais faisons **faites**	**défaire refaire satisfaire** 注 fais-[f(ə)z-]
je dirais tu dirais il dirait n. dirions v. diriez ils diraient	je dise tu dises il dise n. disions v. disiez ils disent	je disse tu disses il dît n. dissions v. dissiez ils dissent	dis disons **dites**	**redire**
je lirais tu lirais il lirait n. lirions v. liriez ils liraient	je lise tu lises il lise n. lisions v. lisiez ils lisent	je lusse tu lusses il lût n. lussions v. lussiez ils lussent	lis lisons lisez	**relire élire**
je suffirais tu suffirais il suffirait n. suffirions v. suffiriez ils suffiraient	je suffise tu suffises il suffise n. suffisions v. suffisiez ils suffisent	je suffisse tu suffisses il suffît n. suffissions v. suffissiez ils suffissent	suffis suffisons suffisez	

不定法 現在分詞 過去分詞	直説法			
	現在	半過去	単純過去	単純未来
35. conduire *conduisant* *conduit*	je conduis tu conduis il conduit n. conduisons v. conduisez ils conduisent	je conduisais tu conduisais il conduisait n. conduisions v. conduisiez ils conduisaient	je conduisis tu conduisis il conduisit n. conduisîmes v. conduisîtes ils conduisirent	je conduirai tu conduiras il conduira n. conduirons v. conduirez ils conduiront
36. plaire *plaisant* *plu*	je plais tu plais il **plaît** n. plaisons v. plaisez ils plaisent	je plaisais tu plaisais il plaisait n. plaisions v. plaisiez ils plaisaient	je plus tu plus il plut n. plûmes v. plûtes ils plurent	je plairai tu plairas il plaira n. plairons v. plairez ils plairont
37. coudre *cousant* *cousu*	je couds tu couds il coud n. cousons v. cousez ils cousent	je cousais tu cousais il cousait n. cousions v. cousiez ils cousaient	je cousis tu cousis il cousit n. cousîmes v. cousîtes ils cousirent	je coudrai tu coudras il coudra n. coudrons v. coudrez ils coudront
38. suivre *suivant* *suivi*	je suis tu suis il suit n. suivons v. suivez ils suivent	je suivais tu suivais il suivait n. suivions v. suiviez ils suivaient	je suivis tu suivis il suivit n. suivîmes v. suivîtes ils suivirent	je suivrai tu suivras il suivra n. suivrons v. suivrez ils suivront
39. vivre *vivant* *vécu*	je vis tu vis il vit n. vivons v. vivez ils vivent	je vivais tu vivais il vivait n. vivions v. viviez ils vivaient	je vécus tu vécus il vécut n. vécûmes v. vécûtes ils vécurent	je vivrai tu vivras il vivra n. vivrons v. vivrez ils vivront
40. écrire *écrivant* *écrit*	j' écris tu écris il écrit n. écrivons v. écrivez ils écrivent	j' écrivais tu écrivais il écrivait n. écrivions v. écriviez ils écrivaient	j' écrivis tu écrivis il écrivit n. écrivîmes v. écrivîtes ils écrivirent	j' écrirai tu écriras il écrira n. écrirons v. écrirez ils écriront
41. boire *buvant* *bu*	je bois tu bois il boit n. buvons v. buvez ils boivent	je buvais tu buvais il buvait n. buvions v. buviez ils buvaient	je bus tu bus il but n. bûmes v. bûtes ils burent	je boirai tu boiras il boira n. boirons v. boirez ils boiront

条件法	接続法		命令法	同型
現在	現在	半過去		
je conduirais tu conduirais il conduirait n. conduirions v. conduiriez ils conduiraient	je conduise tu conduises il conduise n. conduisions v. conduisiez ils conduisent	je conduisisse tu conduisisses il conduisît n. conduisissions v. conduisissiez ils conduisissent	conduis conduisons conduisez	**construire** **cuire** **détruire** **instruire** **introduire** **produire** **traduire**
je plairais tu plairais il plairait n. plairions v. plairiez ils plairaient	je plaise tu plaises il plaise n. plaisions v. plaisiez ils plaisent	je plusse tu plusses il plût n. plussions v. plussiez ils plussent	plais plaisons plaisez	**déplaire** **(se) taire** (ただし il se tait)
je coudrais tu coudrais il coudrait n. coudrions v. coudriez ils coudraient	je couse tu couses il couse n. cousions v. cousiez ils cousent	je cousisse tu cousisses il cousît n. cousissions v. cousissiez ils cousissent	couds cousons cousez	
je suivrais tu suivrais il suivrait n. suivrions v. suivriez ils suivraient	je suive tu suives il suive n. suivions v. suiviez ils suivent	je suivisse tu suivisses il suivît n. suivissions v. suivissiez ils suivissent	suis suivons suivez	**poursuivre**
je vivrais tu vivrais il vivrait n. vivrions v. vivriez ils vivraient	je vive tu vives il vive n. vivions v. viviez ils vivent	je vécusse tu vécusses il vécût n. vécussions v. vécussiez ils vécussent	vis vivons vivez	
j' écrirais tu écrirais il écrirait n. écririons v. écririez ils écriraient	j' écrive tu écrives il écrive n. écrivions v. écriviez ils écrivent	j' écrivisse tu écrivisses il écrivît n. écrivissions v. écrivissiez ils écrivissent	écris écrivons écrivez	**décrire** **inscrire**
je boirais tu boirais il boirait n. boirions v. boiriez ils boiraient	je boive tu boives il boive n. buvions v. buviez ils boivent	je busse tu busses il bût n. bussions v. bussiez ils bussent	bois buvons buvez	

不定法 現在分詞 過去分詞	直　説　法			
	現　　在	半　過　去	単　純　過　去	単　純　未　来
42. résoudre *résolvant* *résolu*	je　résous tu　résous il　résout n.　résolvons v.　résolvez ils　résolvent	je　résolvais tu　résolvais il　résolvait n.　résolvions v.　résolviez ils　résolvaient	je　résolus tu　résolus il　résolut n.　résolûmes v.　résolûtes ils　résolurent	je　résoudrai tu　résoudras il　résoudra n.　résoudrons v.　résoudrez ils　résoudront
43. connaître *connaissant* *connu*	je　connais tu　connais il　**connaît** n.　connaissons v.　connaissez ils　connaissent	je　connaissais tu　connaissais il　connaissait n.　connaissions v.　connaissiez ils　connaissaient	je　connus tu　connus il　connut n.　connûmes v.　connûtes ils　connurent	je　connaîtrai tu　connaîtras il　connaîtra n.　connaîtrons v.　connaîtrez ils　connaîtront
44. naître *naissant* *né*	je　nais tu　nais il　**naît** n.　naissons v.　naissez ils　naissent	je　naissais tu　naissais il　naissait n.　naissions v.　naissiez ils　naissaient	je　naquis tu　naquis il　naquit n.　naquîmes v.　naquîtes ils　naquirent	je　naîtrai tu　naîtras il　naîtra n.　naîtrons v.　naîtrez ils　naîtront
45. croire *croyant* *cru*	je　crois tu　crois il　croit n.　croyons v.　croyez ils　croient	je　croyais tu　croyais il　croyait n.　croyions v.　croyiez ils　croyaient	je　crus tu　crus il　crut n.　crûmes v.　crûtes ils　crurent	je　croirai tu　croiras il　croira n.　croirons v.　croirez ils　croiront
46. battre *battant* *battu*	je　bats tu　bats il　**bat** n.　battons v.　battez ils　battent	je　battais tu　battais il　battait n.　battions v.　battiez ils　battaient	je　battis tu　battis il　battit n.　battîmes v.　battîtes ils　battirent	je　battrai tu　battras il　battra n.　battrons v.　battrez ils　battront
47. mettre *mettant* *mis*	je　mets tu　mets il　**met** n.　mettons v.　mettez ils　mettent	je　mettais tu　mettais il　mettait n.　mettions v.　mettiez ils　mettaient	je　mis tu　mis il　mit n.　mîmes v.　mîtes ils　mirent	je　mettrai tu　mettras il　mettra n.　mettrons v.　mettrez ils　mettront
48. rire *riant* *ri*	je　ris tu　ris il　rit n.　rions v.　riez ils　rient	je　riais tu　riais il　riait n.　riions v.　riiez ils　riaient	je　ris tu　ris il　rit n.　rîmes v.　rîtes ils　rirent	je　rirai tu　riras il　rira n.　rirons v.　rirez ils　riront

条件法	接続法		命令法	同型
現在	現在	半過去		
je résoudrais tu résoudrais il résoudrait n. résoudrions v. résoudriez ils résoudraient	je résolve tu résolves il résolve n. résolvions v. résolviez ils résolvent	je résolusse tu résolusses il résolût n. résolussions v. résolussiez ils résolussent	résous résolvons résolvez	
je connaîtrais tu connaîtrais il connaîtrait n. connaîtrions v. connaîtriez ils connaîtraient	je connaisse tu connaisses il connaisse n. connaissions v. connaissiez ils connaissent	je connusse tu connusses il connût n. connussions v. connussiez ils connussent	connais connaissons connaissez	注 t の前にくるとき i→î。 **apparaître** **disparaître** **paraître** **reconnaître**
je naîtrais tu naîtrais il naîtrait n. naîtrions v. naîtriez ils naîtraient	je naisse tu naisses il naisse n. naissions v. naissiez ils naissent	je naquisse tu naquisses il naquît n. naquissions v. naquissiez ils naquissent	nais naissons naissez	注 t の前にくるとき i→î。 助動詞はêtre。
je croirais tu croirais il croirait n. croirions v. croiriez ils croiraient	je croie tu croies il croie n. croyions v. croyiez ils croient	je crusse tu crusses il crût n. crussions v. crussiez ils crussent	crois croyons croyez	
je battrais tu battrais il battrait n. battrions v. battriez ils battraient	je batte tu battes il batte n. battions v. battiez ils battent	je battisse tu battisses il battît n. battissions v. battissiez ils battissent	bats battons battez	**abattre** **combattre**
je mettrais tu mettrais il mettrait n. mettrions v. mettriez ils mettraient	je mette tu mettes il mette n. mettions v. mettiez ils mettent	je misse tu misses il mît n. missions v. missiez ils missent	mets mettons mettez	**admettre** **commettre** **permettre** **promettre** **remettre**
je rirais tu rirais il rirait n. ririons v. ririez ils riraient	je rie tu ries il rie n. riions v. riiez ils rient	je risse tu risses il rît n. rissions v. rissiez ils rissent	ris rions riez	**sourire**

不定法 現在分詞 過去分詞	直 説 法			
	現在	半過去	単純過去	単純未来
49. conclure *concluant* *conclu*	je conclus tu conclus il conclut n. concluons v. concluez ils concluent	je concluais tu concluais il concluait n. concluions v. concluiez ils concluaient	je conclus tu conclus il conclut n. conclûmes v. conclûtes ils conclurent	je conclurai tu concluras il conclura n. conclurons v. conclurez ils concluront
50. rompre *rompant* *rompu*	je romps tu romps il rompt n. rompons v. rompez ils rompent	je rompais tu rompais il rompait n. rompions v. rompiez ils rompaient	je rompis tu rompis il rompit n. rompîmes v. rompîtes ils rompirent	je romprai tu rompras il rompra n. romprons v. romprez ils rompront
51. vaincre *vainquant* *vaincu*	je vaincs tu vaincs il **vainc** n. vainquons v. vainquez ils vainquent	je vainquais tu vainquais il vainquait n. vainquions v. vainquiez ils vainquaient	je vainquis tu vainquis il vainquit n. vainquîmes v. vainquîtes ils vainquirent	je vaincrai tu vaincras il vaincra n. vaincrons v. vaincrez ils vaincront
52. recevoir *recevant* *reçu*	je reçois tu reçois il reçoit n. recevons v. recevez ils reçoivent	je recevais tu recevais il recevait n. recevions v. receviez ils recevaient	je reçus tu reçus il reçut n. reçûmes v. reçûtes ils reçurent	je **recevrai** tu **recevras** il **recevra** n. **recevrons** v. **recevrez** ils **recevront**
53. devoir *devant* *dû* (due, dus, dues)	je dois tu dois il doit n. devons v. devez ils doivent	je devais tu devais il devait n. devions v. deviez ils devaient	je dus tu dus il dut n. dûmes v. dûtes ils durent	je **devrai** tu **devras** il **devra** n. **devrons** v. **devrez** ils **devront**
54. pouvoir *pouvant* *pu*	je **peux (puis)** tu **peux** il peut n. pouvons v. pouvez ils peuvent	je pouvais tu pouvais il pouvait n. pouvions v. pouviez ils pouvaient	je pus tu pus il put n. pûmes v. pûtes ils purent	je **pourrai** tu **pourras** il **pourra** n. **pourrons** v. **pourrez** ils **pourront**
55. émouvoir *émouvant* *ému*	j' émeus tu émeus il émeut n. émouvons v. émouvez ils émeuvent	j' émouvais tu émouvais il émouvait n. émouvions v. émouviez ils émouvaient	j' émus tu émus il émut n. émûmes v. émûtes ils émurent	j' **émouvrai** tu **émouvras** il **émouvra** n. **émouvrons** v. **émouvrez** ils **émouvront**

条件法	接続法		命令法	同型
現在	現在	半過去		
je conclurais tu conclurais il conclurait n. conclurions v. concluriez ils concluraient	je conclue tu conclues il conclue n. concluions v. concluiez ils concluent	je conclusse tu conclusses il conclût n. conclussions v. conclussiez ils conclussent	conclus concluons concluez	
je romprais tu romprais il romprait n. romprions v. rompriez ils rompraient	je rompe tu rompes il rompe n. rompions v. rompiez ils rompent	je rompisse tu rompisses il rompît n. rompissions v. rompissiez ils rompissent	romps rompons rompez	**interrompre**
je vaincrais tu vaincrais il vaincrait n. vaincrions v. vaincriez ils vaincraient	je vainque tu vainques il vainque n. vainquions v. vainquiez ils vainquent	je vainquisse tu vainquisses il vainquît n. vainquissions v. vainquissiez ils vainquissent	vaincs vainquons vainquez	**convaincre**
je recevrais tu recevrais il recevrait n. recevrions v. recevriez ils recevraient	je reçoive tu reçoives il reçoive n. recevions v. receviez ils reçoivent	je reçusse tu reçusses il reçût n. reçussions v. reçussiez ils reçussent	reçois recevons recevez	**apercevoir** **concevoir**
je devrais tu devrais il devrait n. devrions v. devriez ils devraient	je doive tu doives il doive n. devions v. deviez ils doivent	je dusse tu dusses il dût n. dussions v. dussiez ils dussent	dois devons devez	注命令法はほとんど用いられない.
je pourrais tu pourrais il pourrait n. pourrions v. pourriez ils pourraient	je **puisse** tu **puisses** il **puisse** n. **puissions** v. **puissiez** ils **puissent**	je pusse tu pusses il pût n. pussions v. pussiez ils pussent		注命令法はない.
j' émouvrais tu émouvrais il émouvrait n. émouvrions v. émouvriez ils émouvraient	j' émeuve tu émeuves il émeuve n. émouvions v. émouviez ils émeuvent	j' émusse tu émusses il émût n. émussions v. émussiez ils émussent	émeus émouvons émouvez	**mouvoir** ただし過去分詞は mû (mue, mus, mues)

不 定 法　現在分詞　過去分詞	直　説　法			
	現　在	半 過 去	単 純 過 去	単 純 未 来
56. savoir　*sachant*　*su*	je sais tu sais il sait n. savons v. savez ils savent	je savais tu savais il savait n. savions v. saviez ils savaient	je sus tu sus il sut n. sûmes v. sûtes ils surent	je **saurai** tu **sauras** il **saura** n. **saurons** v. **saurez** ils **sauront**
57. voir　*voyant*　*vu*	je vois tu vois il voit n. voyons v. voyez ils voient	je voyais tu voyais il voyait n. voyions v. voyiez ils voyaient	je vis tu vis il vit n. vîmes v. vîtes ils virent	je **verrai** tu **verras** il **verra** n. **verrons** v. **verrez** ils **verront**
58. vouloir　*voulant*　*voulu*	je **veux** tu **veux** il veut n. voulons v. voulez ils veulent	je voulais tu voulais il voulait n. voulions v. vouliez ils voulaient	je voulus tu voulus il voulut n. voulûmes v. voulûtes ils voulurent	je **voudrai** tu **voudras** il **voudra** n. **voudrons** v. **voudrez** ils **voudront**
59. valoir　*valant*　*valu*	je **vaux** tu **vaux** il vaut n. valons v. valez ils valent	je valais tu valais il valait n. valions v. valiez ils valaient	je valus tu valus il valut n. valûmes v. valûtes ils valurent	je **vaudrai** tu **vaudras** il **vaudra** n. **vaudrons** v. **vaudrez** ils **vaudront**
60. s'asseoir　*s'asseyant*[1]　*assis*	je m'assieds[1] tu t'assieds il **s'assied** n. n. asseyons v. v. asseyez ils s'asseyent	je m'asseyais[1] tu t'asseyais il s'asseyait n. n. asseyions v. v. asseyiez ils s'asseyaient	je m'assis tu t'assis il s'assit n. n. assîmes v. v. assîtes ils s'assirent	je m'**assiérai**[1] tu t'**assiéras** il s'**assiéra** n. n. **assiérons** v. v. **assiérez** ils s'**assiéront**
s'assoyant[2]	je m'assois[2] tu t'assois il s'assoit n. n. assoyons v. v. assoyez ils s'assoient	je m'assoyais[2] tu t'assoyais il s'assoyait n. n. assoyions v. v. assoyiez ils s'assoyaient		je m'**assoirai**[2] tu t'**assoiras** il s'**assoira** n. n. **assoirons** v. v. **assoirez** ils s'**assoiront**
61. pleuvoir　*pleuvant*　*plu*	il pleut	il pleuvait	il plut	il **pleuvra**
62. falloir　*fallu*	il faut	il fallait	il fallut	il **faudra**

条件法	接続法		命令法	同型
現在	現在	半過去		
je saurais tu saurais il saurait n. saurions v. sauriez ils sauraient	je **sache** tu **saches** il **sache** n. **sachions** v. **sachiez** ils **sachent**	je susse tu susses il sût n. sussions v. sussiez ils sussent	**sache** **sachons** **sachez**	
je verrais tu verrais il verrait n. verrions v. verriez ils verraient	je voie tu voies il voie n. voyions v. voyiez ils voient	je visse tu visses il vît n. vissions v. vissiez ils vissent	vois voyons voyez	**revoir**
je voudrais tu voudrais il voudrait n. voudrions v. voudriez ils voudraient	je **veuille** tu **veuilles** il **veuille** n. voulions v. vouliez ils **veuillent**	je voulusse tu voulusses il voulût n. voulussions v. voulussiez ils voulussent	**veuille** **veuillons** **veuillez**	
je vaudrais tu vaudrais il vaudrait n. vaudrions v. vaudriez ils vaudraient	je **vaille** tu **vailles** il **vaille** n. valions v. valiez ils **vaillent**	je valusse tu valusses il valût n. valussions v. valussiez ils valussent		注 命令法はほとんど用いられない.
je m'assiérais[1] tu t'assiérais il s'assiérait n. n. assiérions v. v. assiériez ils s'assiéraient	je m'asseye[1] tu t'asseyes il s'asseye n. n. asseyions v. v. asseyiez ils s'asseyent	j' m'assisse tu t'assisses il s'assît n. n. assissions v. v. assissiez ils s'assissent	assieds-toi[1] asseyons-nous asseyez-vous	注 時称により2種の活用があるが，(1)は古来の活用で，(2)は俗語調である．(1)の方が多く使われる．
je m'assoirais[2] tu t'assoirais il s'assoirait n. n. assoirions v. v. assoiriez ils s'assoiraient	je m'assoie[2] tu t'assoies il s'assoie n. n. assoyions v. v. assoyiez ils s'assoient		assois-toi[2] assoyons-nous assoyez-vous	
il pleuvrait	il pleuve	il plût		注 命令法はない．
il faudrait	il **faille**	il fallût		注 命令法・現在分詞はない．